엠마오로 가다가

매주 한 편, 시와 묵상
엠마오로 가다가

초판 펴낸 날 2024년 12월 1일

지은이　임문혁

펴낸이　김종관
북디자인 함명희
펴낸 곳　도서출판 에벤에셀
등록번호 제2-1587호
등록일자 1993년 7월 15일
주소　　서울특별시 중구 필동로8길 65
전화　　(02) 2273-8384,　팩시밀리　(02) 2273-1713
이메일　ebenbooks@hanmail.net
홈페이지 www.ebenbooks.com

Copyright©임문혁, 2024, printed in Korea
ISBN 978-89-6094-146-0 03810

값 15,000원

이 책은 저작권법에 따라 보호받는 저작물이므로 무단 전재와 복제를 금합니다.
지은이와의 협의로 인지는 생략하며, 잘못된 책은 교환해 드립니다.
본서는 전자출판진흥사업에서 제공된 Kopub world체를 사용하였습니다.

엠마오로 가다가

매주 한 편, 시와 묵상! 임문혁 신앙시집

시인의 말

서쪽으로 노을이 물드는 엠마오로

우리는 가고 있었다.

가슴에 가득 찬 노을, 머리 위에도

노을을 이고 낮은 어깨가 자꾸

허물어지고 있었다.

그때 그분이 우릴 찾아 오셨다.

2024년 가을
임 문 혁

차 례

시인의 말

1월	첫째 주	딱 둘만 남은 것처럼	12
	둘째 주	나무를 꿈꾸며	16
	셋째 주	사다리를 타고	18
	넷째 주	내 안의 산	20

2월	첫째 주	눈 뜨기	24
	둘째 주	원시인에게	28
	셋째 주	호리병	30
	넷째 주	구두	32

3월	첫째 주	귀 기울여	36
	둘째 주	선물	38
	셋째 주	길	40
	넷째 주	천국	42
	다섯째 주	나무의 계획	44

4월	첫째 주	물이 내게로 와서	48
	둘째 주	골방	50
	셋째 주	엠마오로 가다가	53
	넷째 주	빌려 쓰던 사람	56

5월	첫째 주	부활	62
	둘째 주	수건돌리기	64
	셋째 주	기도	67
	넷째 주	하나님의 수화	69

6월	첫째 주	하늘은 낮게 호수는 높이	72
	둘째 주	침을 맞다가	76
	셋째 주	드라이플라워	80
	넷째 주	옥합	83
	다섯째 주	웃을 일	85

7월	첫째 주	너에게로 가면서		90
둘째 주	프리즘		94
셋째 주	귀		96
넷째 주	사랑수선		98

8월	첫째 주	다시 오신 예수		104
둘째 주	사랑은 내려 이어져		109
셋째 주	나무의 감사		111
넷째 주	영산靈山		114
다섯째 주	저녁놀		116

9월	첫째 주	몸		120
둘째 주	만남		122
셋째 주	강물을 따라		125
넷째 주	오래된 성소		128

10월	첫째 주	베드로에게	132
둘째 주	팥죽 때문에	134
셋째 주	꽃의 꽃, 별의 별	138
넷째 주	노을 강	140

11월	첫째 주	이 땅에 집 한 채	144
둘째 주	모과木瓜	146
셋째 주	차마	148
넷째 주	면도날	151
다섯째 주	거울처럼	153

12월	첫째 주	나무를 듣다	156
둘째 주	후회	159
셋째 주	죄송합니다	162
넷째 주	종점 다음	164
끝 주	내 생의 바다	166

1월

선한 사마리아인 (빈센트 빌럼 반 고흐 作, 네덜란드, 1890)

1월 첫째 주

딱 둘만 남은 것처럼

이 세상에
딱 둘만 남게 된다면
하나의 고독은
하나가 덜어 주고
하나의 병고는
하나가 보살펴 주고
하나의 열매는
하나와 나누어 먹고
하나의 일은
하나가 도울 수밖에 없으니

하나는 하나가 아니요
둘이며,
둘은 둘이 아니고
하난데,

이 세상에
딱 둘만 남았을 때
하나가 사라진다면?

새해에는
이 세상에 딱 둘만 남은 것처럼
그렇게 살았으면……

[묵상본문 - 창세기 2:18-25]

여호와 하나님이 이르시되
사람이 혼자 사는 것이 좋지 아니하니
내가 그를 위하여 돕는 배필을 지으리라
하시니라 (창세기 2:18).

여호와 하나님이 아담을 깊이 잠들게 하시니
잠들매 그가 그 갈빗대 하나를 취하고
살로 대신 채우시고 (창세기 2:21).

여호와 하나님이 아담에게서 취하신
그 갈빗대로 여자를 만드시고
그를 아담에게로 이끌어 오시니 (창세기 2:22).

아담이 이르되
이는 내 뼈 중의 뼈요 살 중의 살이라
이것을 남자에게서 취하였은즉
여자라 부르리라 하니라 (창세기 2:23).

* 우리가 살고 있는 이 세상이 지금 너무 험하고
힘들고 삭막합니다.
그런데, 만약 이 세상에 딱 둘만 남게 된다면
하나에게 있어 다른 하나는 얼마나
소중한 존재일까요?

하나의 고독은 하나가 덜어주고,
하나의 병고는 하나가 보살펴주고,
하나가 과일을 따오거나 사냥을 해오면
다른 하나와 나누어 먹고,
하나의 일은 하나가 도와야하겠지요.
그러므로, 둘은 둘이 아니고 하나나 다름없겠지요.

그런데,
지금 이 지구별에는 자기 하나밖에 모르고,
제 이익, 제 욕심만 채우는
이기적인 사람들이 너무도 많은 것 같습니다.
새해에는 이 세상에 딱 둘만 남은 것처럼
서로 아끼고 사랑하며 살았으면 좋겠습니다.

1월 둘째 주

나무를 꿈꾸며

나무는
일생을 꿈꾸고
일생을 기도한다

푸른 잎 피워
하늘에 바치고

붉은 꽃 피워
땅에 바치고

열매는
사랑에 바친다

해마다 꿈꾸며
하늘 무늬 새겨 안는다

[묵상본문 - 데살로니가전서 5:16~18]

항상 기뻐하라 쉬지 말고 기도하라
범사에 감사하라 이것이 그리스도 예수
안에서 너희를 향하신 하나님의 뜻이니라
　　　　　　　(데살로니가전서 5:16~18).

* 나무를 보면 늘 감탄하게 됩니다.
  주어진 자리에서 아무런 불평도 없이 환경에
  적응하며 최선을 다하며 충실하게 살아갑니다.
  잎 피우고 꽃 피우고 열매 맺습니다.
  사람들에게 그늘이 되어 주고,
  열매도 주고, 아름다운 경치도 만들어
  아낌없이 베풀며 아름답게 살아갑니다.
  나무는 어떻게 그렇게 살 수 있을까요?
  그것은 나무가 일생을 꿈꾸고 일생을
  기도하기 때문이 아닐까요?
  그래서 그렇게 아름다운 삶을 사는 게 아닐까요?
  그래서 나무의 가슴 속엔 해마다 하늘 닮은 나이테가
  둥글게 새겨지는 게 아닐까요?

  나도 나무처럼 일생을 꿈꾸며 기도하며
  아름답게 살기를, 나무를 닮아가기를 꿈꿉니다.

1월 셋째 주

사다리를 타고

평생 나무를 다듬어 온 그는
무얼 만들었을까

그걸 아는 사람은 없었지만
실은, 그가 만든 것은 사다리였다

골고다 언덕
온몸 나무 기둥에 못 박아
완성한 사다리를 타고
그는 하늘로 올라갔다
옆에 있던 강도까지 데리고…

곧 다시 내려오마
천둥이 쳤다

[묵상본문 – 누가복음 23:39~46, 요한계시록 3:11;22:7,12,20]

내가 진실로 네게 이르노니 오늘 네가 나와 함께
낙원에 있으리라 (누가복음 23:43).
내가 속히 오리니 (요한계시록 3:11; 22:7, 12).
내가 진실로 속히 오리라 (요한계시록 22:20).

* 예수님은 세상에 오셔서 사실 때 마지막 3년 정도를 빼고
나머지 생애 대부분을 목수 일을 하셨다고 합니다.
그때 인간 예수님은 나무를 깎고 못을 박아 무엇을
만들었을까요? 저는 그게 궁금했습니다.
가장 필요하고 긴요한 물건을 만들지 않았을까요?
좀 엉뚱하다고 할지는 모르지만 저는 그것은 아마
사다리였을 거라는 생각을 해보았습니다.
그리고 그때는 아무도 그걸 눈치 채지 못했을 거라고
생각합니다.
그런데 예수님은 골고다 언덕에서 나무 기둥에 당신의
몸을 못 박음으로써 마침내 그 사다리를 완성하셨지요.
그래서 예수님은 그 나무 사다리를 타고 하늘로 올라가
셨던 것입니다. 당신 혼자만 아니라 옆에 있던 한 강도
까지 데리고 말이지요.
그러면서, 곧 다시 내려오시겠다고 분명히 말씀하셨지요.
그 말씀이 천둥소리처럼 하늘과 땅을 울립니다.

1월 신앙시와 묵상

1월 넷째 주

내 안의 산

세상에 오르기 힘든 산
누구는 태산을 말하고
누구는 히말라야 14좌를 말하지만
어디, 내 안의 산만큼 험하랴

육척 채 안 되는 키
그 안에 솟은 산이련만
어찌 이리 힘겨운가 나를 넘는 일

수없이 작정하고 도전했건만
번번이 넘어지고 미끄러졌네
새들도 넘으려다 날개 접었네

이 산을 어이할꼬
예서 그만 주저앉으면
정말 분하지 않은가
날 위해 기도하는 분 있지 않은가

[묵상본문 – 갈라디아서 5:19~21]

육체의 일은 분명하니 곧 음행과 더러운 것과 호색과 우상 숭배와 주술과 원수 맺는 것과 분쟁과 시기와 분냄과 당 짓는 것과 분열함과 이단과 투기와 술 취함과 방탕함과 또 그와 같은 것들이라 (갈라디아서 5:19~21).

* 사람들은 중국의 태산이나 히말라야 14좌 같은 봉우리들이 오르기 힘든 산이라고 말합니다.
물론 그런 산도 힘들겠지만 진짜로 오르기 힘든 산은 내 안에 있는 산이란 걸 살수록 절실히 깨닫게 됩니다.
내 안에 자리 잡은 산이니 기껏해야 내 키 높이에 불과한 뻔히 아는 높이일 것이지만, 지금까지 수없이 도전했지만 번번이 실패하고 말았습니다.

중요한 순간마다 고개를 빳빳이 세우고 머리를 드는 내 자아, 내 판단, 내 고집, 내 자존심, 내 어리석음, 내 무능! 내가 나를 이기고 보란 듯이 정상에 우뚝 서는 시원한 맛 한 번도 보지 못한 채 이대로 주저앉기엔 너무 억울합니다. 아직 나에겐 남은 날들이 있고, 나를 위해 기도하며 응원하는 보이지 않는 분의 손길이 있는데 말입니다!

1월 신앙시와 묵상

2월

돌아온 탕자 (렘브란트 하르민스 반 레인 作, 네덜란드, 1669)

2월 첫째 주

눈 뜨기

별빛도 없는 밤, 혼자서
비인 사막을 가고 있었다
모래 위에 지팡이 자국
점자처럼 찍으며,
밤새도록 잃어버린 꿈의 날개를 찾고 있었다
헤매고 더듬어도 판독되지 않는
닳아빠진 점자의 세상
태어나기도 전의 어둠
그 위에 다시 짙은 안개 스미고
어느 쪽으로 가고 있었을까
짜고도 매운 밤의 가슴팍에
넘어지고 비틀거리며,

그때 갑자기 나타난 당신은
누구였을까
땅에 침을 뱉아 진흙을 이겨
눈에 발라 주시며
실로암 연못에 가서 씻으라

24 엠마오로 가다가

씻으라 보냄을 받은 새벽
완강한 밤의 항거 아직도
물방울로 튀어오르는
실로암 물결은 술렁이고 있었다

떨리는 손으로 물을 퍼올려
씻었다 씻었다 또 씻었다
아아, 그때 쨍하는 폭음
검은 알이 터지고
황금 날개가 날아오르고 있었다

[묵상본문 – 요한복음 9:6~11, 누가복음 7:22]

이 말씀을 하시고 땅에 침을 뱉어
진흙을 이겨 그의 눈에 바르시고 이르시되
실로암 못에 가서 씻으라 하시니
(실로암은 번역하면 보냄을 받았다는 뜻이라)
이에 가서 씻고 밝은 눈으로 왔더라 (요한복음 9:6~7).

* 앞을 못 보는 사람은 얼마나 답답하고
고통스러울까요?
예수님은 이 땅에 오셔서 맹인을 보게 하시고,
못 걷는 사람을 걷게 하시고,
한센병 환자를 깨끗하게 하셨습니다.
귀먹은 사람을 듣게 하시고,
죽은 자를 살리셨습니다.

요한복음 9장에는
예수님께서 맹인을 고치신 이야기가
자세히 기록되어 있습니다.
그런데, 우리는 앞을 보는 눈뜬 자들일까요?
그렇지 않습니다.
보는 것 같지만 사실은 우리도
저 맹인과 같이 아무것도 못 보는
영적 소경이었습니다.

우리는 별빛도 없는 밤,
혼자서 비인 사막을 가고 있는 것처럼 살아왔습니다.
세상은 닳아빠진 점자 같아서
잘 판독되지 않았습니다.
그래서 모래 위에 지팡이 자국 점자처럼 찍으며

넘어지고 비틀거리며 길을 잃고 헤맸습니다.
설상가상으로 세상에는 짙은 안개가 덮여 있지요.

그때 주님이 오셔서,
땅에 침을 뱉아 진흙을 이겨 눈에 발라주시며,
실로암 연못에 가서 씻으라고 보내셨지요.
실로암 연못에 가서 떨리는 손으로 물을 퍼올려
씻고 또 씻었더니 쨍하는 폭음과 함께
검은 알이 터지고,
황금빛 날개 같은 광명이 날아올랐지요?

그렇게 우리는 주님의 은혜로
영적인 눈을 뜨고,
사랑의 주님과 주님이 지으신 세계와
주님이 역사하시고 섭리하시는 나라를
보게 되었습니다.
할렐루야, 아멘!

2월 둘째 주

원시인에게

신문에 까만 벌레들이 가물가물 기어다닌다
발밑이 뿌옇다

차마 눈 뜨고는 볼 수 없는 것
작은 것, 쓸데없는 것, 못된 것
다 보고 사시느라 얼마나 힘드셨나요
노안老眼입니다
이제부터 멀리 보고 사십시오

기어코, 나도 원시인이 되었구나, 그래
코 앞, 눈 앞, 발 밑 길바닥만 보지 말고
아마존 밀림, 북극 빙하, 아프리카 킬리만자로로
시야를 넓혀야지
간밤 꿈에 만난 하늘나라까지도 보아야지

[묵상본문 - 마태복음 5:1~16]

너희는 세상에 빛이라
산 위에 있는 동네가 숨겨지지 못할 것이요
사람이 등불을 켜서 말 아래에 두지 아니하고
등경 위에 두나니
이러므로 집 안 모든 사람에게 비치느니라
이같이 너희 빛이 사람 앞에 비치게 하여
그들로 너희 착한 행실을 보고
하늘에 계신 너희 아버지께
영광을 돌리게 하라 (마태복음 5:14~16).

* 어느 날부턴가
 가까운 것이 잘 보이지 않는 것입니다.
 신문을 펼쳐 들면 글자는 보이지 않고
 까만 벌레들이 오글오글 기어갑니다.
 팔을 뻗어 멀리 놓고 보면
 조금 낫게 보입니다.
 원시, 노안이 된 것입니다.
 이왕 원시인족이 되었으니
 코앞의 일, 눈앞의 작은 것만 보지 말고
 좀 더 멀리 보며 살아야겠습니다.
 육안으로 보이지 않는 세계도
 볼 수 있었으면 좋겠습니다.
 하늘나라까지도 말입니다.

2월 셋째 주

호리병

내 말을
호리병에 담았으면 좋겠네

텅 비어 있어도 차 있는 듯
가득 차 있어도 비어 있는 듯
누가 툭툭 건드려도
깊은 종소리로 울렸으면 좋겠네

넘실거리는 말들 가득 품고 있으면서도
기울여 잔에 따르면
긴 목을 거쳐 작은 입으로, 퐁퐁
한두 마디 맑은 소리 울렸으면 좋겠네
뿌리에서 길어 올린 물, 꽃으로 필 때까지
알 듯 모를 듯 꽃처럼 웃으며
언뜻언뜻 향기 풍겼으면 좋겠네

가슴 깊이 얼려 두고
따스한 기운 몸 녹일 때만
얼음 녹는 소리로 졸졸 흘렀으면 좋겠네

[묵상본문 - 시편 141:3, 야고보서 3:2~12]

여호와여 내 입에 파수꾼을 세우시고
내 입술의 문을 지키소서(시편 141:3).

우리가 다 실수가 많으니 만일 말에 실수가 없는 자라면
곧 온전한 사람이라 능히 온 몸도 굴레 씌우리라
(야고보서 3:2).

* 다시 새해를 맞이합니다.
  새해를 맞이할 때마다 새로운 결심을 하고
  새로운 소망을 품곤 합니다.
  올해는 나의 말이 마치 호리병에 담겼다가
  퐁퐁 솟아나는 물소리처럼
  아름다웠으면 좋겠습니다.

  겉으로는 보이지 않지만,
  내 속에 맑은 물처럼 아름다운 생각들이
  가득 담겼다가 필요할 때 잔에 따르면
  깊은 종소리로 울렸으면 좋겠습니다.

  나의 말이, 마치 뿌리가 땅속 깊은 곳에서
  물을 길어 올려 피운 꽃처럼
  향기를 풍겼으면 좋겠습니다.

  얼어붙은 가슴을 향해 따스한 봄기운이 되어
  얼음을 녹이는 소리로
  졸졸 흘렀으면 좋겠습니다.

2월 넷째 주

구두

피 흘리고 가죽 벗겨
잘리고 접히고
찔리고 못 박힌 채
죽었다가 다시 살아
날 찾아온, 한 쌍의 소

발바닥보다 더 낮은 바닥에서
맑은 곳 궂은 곳 온몸으로 핥으며
고린내 짓눌림 다 받아내면서도
긁히고 찢기고 닳으면서도
내가 먼저 버리기 전에는
결코, 날 떠나지 않는, 구두
밤새 문간 지키다가
다시 밝은 날, 날 태우고
뚜벅뚜벅 세상으로 나가는
고마운 나의 소

[묵상본문 - 이사야 53:5]

그가 찔림은 우리의 허물 때문이요
그가 상함은 우리의 죄악 때문이라
그가 징계를 받으므로 우리는 평화를 누리고
그가 채찍에 맞으므로
우리는 나음을 받았도다 (이사야 53:5).

* 우리가 매일 신고 다니는 구두는
 무엇으로 만들었습니까.
 그렇습니다, 소가죽으로 만든 것입니다.
 소를 잡아 피 흘리게 하고 가죽을 벗겨서
 칼로 베어내고 가위로 자르고 망치로 못을 박아
 우리 발에 맞게 만든 구두!
 그러니까 구두는 소가 죽었다가 다시
 한 쌍의 소가 되어 우리를 찾아온 것입니다.

 그런데, 이 구두가 누구를 닮지 않았나요?
 그렇습니다. 그분은 바로 예수님이십니다.
 예수님은 우리 죄인들을 살리기 위하여
 이 땅에 오셔서 못 박히고 피 흘려 돌아가셨습니다.
 낮고 낮게 오셔서 온갖 멸시와 천대를 받으면서도
 우리 같은 죄인을 사랑하고 섬기셨습니다.
 부활하신 주님은 우리를 버리지 않으시고,
 오늘도 우리를 업고
 세상으로 뚜벅뚜벅 함께 걸어 나가십니다.

3월

십자가에서 내려지는 예수 그리스도
(렘브란트 하르민스 반 레인 作, 네덜란드, 1634)

3월 첫째 주
귀 기울여

누가 이름을 불렀기에
잎새들은 하나 하나 떠났나요?

누가,
아직 짓지도 않은
이름을 불렀기에
아가들은 우리 곁에 왔나요?

은밀한 눈웃음으로
꽃봉오리를 열리게 하고
솜털 씨앗을 날리는
작고, 낮은 목소리로

누가 이름을 부르는지
귀 기울여,
귀 기울여 들어요

[묵상본문 - 이사야 43:1]

야곱아 너를 창조하신 여호와께서 지금 말씀하시느니라
이스라엘아 너를 지으신 이가 말씀하시느니라
너는 두려워하지 말라 내가 너를 구속하였고 내가 너를
지명하여 불렀나니 너는 내 것이라 (이사야 43:1).

* 봄이 되어, 얼어붙었던 땅에서
  새싹이 뾰족이 돋아나오는 걸 보면
  참 신기하다는 생각이 듭니다.
  도대체 누가 내 귀엔 들리지도 않는
  낮고 작은 목소리로 불러냈기에
  새싹들이 고개를 쏘옥 내밀었을까요?

  새로 태어난 귀여운 아가들은
  아직 이름도 없을 터인데,
  누가 무어라고 불렀기에 우리 곁에 왔을까요?
  은밀한 눈웃음으로 꽃봉오리를 열리게 하고,
  민들레 솜털 씨앗을 날리는
  낮고 은밀한 소리는 누구의 음성일까요?
  그 낮고 은밀한 목소리로 그분이 날 부르시는지
  가만 귀를 기울여봅니다.

3월 둘째 주

선물

저 환하게 웃는 달 좀 봐
저 반짝이는 별들 좀 봐

봄 여름 가을 겨울
철 따라 비 주고 눈도 주고
바람결에 새들 노래 실어 보내지
때맞추어 수선화 프리지아 장미 국화
한 아름씩 안겨주지

그래, 맞아
그분이 날 사랑하시는 거야
밤낮없이 일마다 때마다
선물을 보내시는 거야

달같이 별같이
나를 빛내시는 거야

[묵상본문 – 창세기 1:1~31, 요한일서 4:7~16]

태초에 하나님이 천지를 창조하시니라,
하나님이 보시기에 좋았더라,
심히 좋았더라 (창세기 1:1~).

사랑하는 자들아 우리가 서로 사랑하자
사랑은 하나님께 속한 것이니
사랑하는 자마다 하나님으로부터 나서
하나님을 알고 (요한일서 4:7).

* 여러분은 아시나요?
  왜, 달은 저렇게 환하게 웃을까요?
  별들은 왜, 저렇게 반짝반짝 반짝일까요?
  왜, 봄 여름 가을 겨울 계절은 다채롭게 바뀔까요?
  누가, 왜? 비도 내려 보내고, 눈도 내려 보낼까요?
  왜, 예쁜 새들은 노래하고, 실바람 불어오고,
  시냇물은 저리 흐를까요?
  누가, 왜? 철 따라 온갖 꽃들을 피어나게 할까요?

  그렇습니다. 그분이 우리를 사랑하시는 겁니다
  그래서 밤낮없이 일마다 때마다 선물을 보내시는 겁니다.

3월 셋째 주

길

물이 지나다니면
길이 열리네

낮은 곳 찾아가니
길이 뒤따라오고
아픈 상처 닦아주니
눈물이 가슴에 길을 내네

기도할 때마다
낮게 내려와
하늘에 길을 내는
그분을 바라보네

[묵상본문 - 요한복음 14:6]

예수께서 이르시되
내가 곧 길이요 진리요 생명이니
나로 말미암지 않고는
아버지께로 올 자가 없느니라 (요한복음 14:6).

* 물은 높은 곳에서 낮은 곳으로 흘러갑니다.
  그래서 물이 지나면 자연히 길이 열립니다.
  낮은 곳 찾아가니 길이 저절로 뒤따라옵니다.
  물은 더러운 것 씻어주고 상처도 닦아줍니다.
  같이 흘려주는 눈물이 가슴에 따뜻한 길을 냅니다.

  기도할 때마다, 높은 하늘에서 낮은 땅으로 내려와
  하늘에 길을 내시는 예수님을 바라봅니다.

3월 넷째 주

천국

바늘구멍으로 들어가는 낙타보다
더 들어가기 어렵다는 천국

천국이 우리 동네 여기저기 널려 있네
김밥천국, 시네마천국, 노래천국, 열쇠천국 …

배곯는 사람에겐 한 줄 김밥이 천국이고
이웃 이야기 함께 울고 웃으면 그게 행복이리
사진 속 추억은 늘 아름답고
슬픔도 노래하면 흐르는 운율이 되리

천국 찾아 헤매는 사람들
우리 동네 열쇠천국에서
천국 열쇠 받을 수 있으려나

천국 찾아 나선 내 귓가에
종소리 울리네
주님 안에 천국 있다고 …

[묵상본문 - 마태복음 13:44~47]

천국은 마치 밭에 감추인 보화와 같으니…,
천국은 마치 좋은 진주를 구하는 장사와 같으니…,
천국은 마치 바다에 치고 각종 물고기를 모는,
그물과 같으니 (마태복음 13:44~47).

* 천국은 어디에 있을까요?
  우리가 생각하는 것과는 달리 아주 가까이 우리 주변에 있을지도 모릅니다.
  그래서 그럴까요? '천국'이란 이름이 붙은 곳이 여기저기 많이 있습니다.
  김밥천국, 시네마천국, 노래천국, 열쇠천국 …
  배고픈 사람들에겐 한 줄 김밥이 천국일 수도 있고,
  영화를 보며 이웃의 이야기에 함께 울고 웃는다면
  그게 작은 행복일지도 모릅니다.
  사진 속 추억은 늘 아름답고, 슬픔도 노래하면 구부러져 흐르기도 하겠지요.
  그렇지만 그게 진짜 천국일 수 있을까요?
  열쇠천국에서 천국 열쇠 받을 수 있을까요?
  천국 찾아 나선 내 귓가에 종소리가 울립니다.

  주님 안에 천국 있다고 …….

3월 다섯째 주

나무의 계획

올해 가지 뻗기 20cm, 몸 둘레 늘리기 7cm
열매 맺기 배가 운동, 이런 목표 나무에겐 없다
주간 계획, 월중 행사표 그런 것도 없다
햇볕 비추는 대로 쪼이고
비가 오면 오는 대로 맞고
바람이 불면 부는 대로 흔들리고
물오르면 잎 틔우고
꽃 지면 맺힌 열매 키울 뿐이다

그래도, 한 해에 키가 훌쩍 자라고
허리 통통하게 굵어지고
잎들은 셀 수도 없이 늘고
열매들 올망졸망 매어단다
바람이 와서 팔 흔들면
잡았던 손 놓아 잎들 보내고
열매들 향기롭게 익힌다
그저 그렇게 서 있을 뿐인데
결국엔 다 이룬다

[묵상본문 – 잠언 16:9]

사람이 마음으로 자기의 길을 계획할지라도 그의
걸음을 인도하시는 이는 여호와시니라 (잠언 16:9).

* 새해를 맞이하면 우리들은 늘 새해 계획을 세우고 목표를 정하고 마음속으로 다짐을 합니다. 그러나 얼마 지나지 않아 그 계획과 결심은 많이 흐트러지고 약해졌음을 확인하곤 합니다.
그런데 나무는 그러지 않습니다.
새해를 맞아도 계획을 세우거나 목표 같은 걸 정하지 않습니다. 그저 주어진 조건에서 하나님이 공급해 주는 대로 햇볕을 쪼이고, 뿌리에서 양분을 빨아올리고, 비나 눈도 맞고, 바람이 불면 흔들립니다. 그러면서 잎 피우고 열매 맺고 때가 되면 단풍 들고 또 그 단풍잎 미련 없이 다 떠나보냅니다. 연초에 아무 계획 세우지 않았어도 한 해가 다 가고 연말에 보면 나무는 모든 걸 다 이루었습니다.

그러니 우리도 너무 내 계획 내 목표 내 뜻 고집하지 말고, 나무처럼 주어진 자리에서 하나님 베푸시는 은혜를 받아 하나님이 이끄시는 대로 순종하며 순간순간 최선을 다하면 어떨까요?

4월

부활復活, Resurrection

4월 첫째 주

물이 내게로 와서

물이, 물에서 나와 내게로 왔다
물이, 물을 건너 내게로 왔다
물의 머리에선 물방울이 뚝뚝 떨어졌다
물의 온몸은 젖어 있었다
구름의 창이 열리고 빛이 비둘기처럼 내려왔다
몸보다 소리가 먼저 건너와 나를 적셨다
스며들어 퍼지며, 온몸 간질이며
가지로 자라고 잎으로 피어나고 꽃이 되었다
실핏줄 속 물이 푸르게 일어섰다

사랑하는 아들아, 내 기뻐하는 자야

물이 내게로 와서
물이 내 안에 내가 물 안에
빛이 되었다

[묵상본문 – 마태복음 3:16~17]

예수께서 세례를 받으시고
곧 물에서 올라오실새 하늘이 열리고
하나님의 성령이 비둘기같이 내려
자기 위에 임하심을 보시더니,
하늘로부터 소리가 있어 말씀하시되
이는 내 사랑하는 아들이요
내 기뻐하는 자라 하시니라 (마태복음 3:16~17).

* 물은 생명의 근원입니다.
  물은 높은 곳에서 낮은 곳으로 흐릅니다.
  모든 것을 깨끗이 씻어줍니다.
  모든 것을 다 품습니다.
  물은 언제나 높이가 같습니다.
  그런 물이 어느 날 물에서 나와 내게로 왔습니다.
  그때 하늘이 열리고 빛이 비둘기처럼 내려 왔습니다.
  이는 내 사랑하는 아들이요 내 기뻐하는 자라.
  소리가 먼저 건너와 나를 적십니다.
  물이 내게로 와서 가지로 자라고,
  잎으로 피어나고, 꽃이 되었습니다.
  실핏줄 속에서 푸르게 일어섭니다.
  물이 내게로 와서,
  물이 내 안에 내가 물 안에 빛이 되었습니다.
  물은 곧 예수님이십니다.

4월 둘째 주

골방

내 좁은 골방
해님이 들어오네
별님 달님도 함께
찾아오네

골방 창문 아래
엎드려
해님을 만나네
달님 별님
하나님을 만나네

한없이 넓고 밝은
나의 방

[묵상본문 - 마태복음 6:6]

너는 기도할 때에 네 골방에 들어가 문을 닫고
은밀한 중에 계신 네 아버지께 기도하라
은밀한 중에 보시는 네 아버지께서 갚으시리라
(마태복음 6:6).

* 사람들은 새날을 맞으며 새달,
새해를 맞으면 새로운 소망을 품고,
새로운 결심을 하고 새로운 삶을 살겠노라고
다짐을 합니다.

시인은 작은 골방을 하나 가지는 게
소박한 소망인가 봅니다.
그 작은 골방에는 동쪽으로 난 창문이
하나 있습니다.
그 창문으로 해님이 찾아옵니다.
밤에는 달님과 별님이 찾아옵니다.
이렇게 해달별과 함께
하늘도 한 자락 들어오는 것입니다.
이 창문 아래 꿇어 엎드려 경건한 마음으로
시인은 해님을 만나고 달님 별님을 만납니다.

하나님을 만납니다.
그러면서 두 손 모으고
작지만 아름다운 기도를 드립니다.
자기 좁은 가슴 작은 창에도
해달별님이 들어오시기를,
하나님이 환히 들어앉으시기를 기도합니다.

이럴 때 좁고 어둡던 골방은
한없이 넓고 밝은 성소가 될 것입니다.
여러분의 삶에도 밝은 빛이 환히 비치는
하루하루가 되시기를 기도합니다.

4월 셋째 주

엠마오로 가다가

서쪽으로 노을이 물드는 엠마오로
우리는 가고 있었다.
가슴에 가득 찬 노을, 머리 위에도
노을을 이고 낮은 어깨가 자꾸
허물어지고 있었다.

어떤 길동무가 말을 걸었지만
죽음 쪽으로 우리는
한숨만 불어 보냈다.
날이 어두워졌는데
얼굴도 분간 못하도록
깜깜한 밤인데
근일의 예루살렘 사건도
모르는 어두운 사람이여

당신은 우리 집에서 떡을 떼고
축사하시고, 아하
그제서야 우린 눈이 밝아지고

가슴이 뜨거워지고
죽음 속에서 삶으로 빛나는 얼굴

아침이 오고
동쪽으로 태양이 떠오르는 예루살렘으로
우리는 되돌아 뛰고 있었다.
가슴에 가득 찬 태양, 머리 위에도
태양을 이고 솟은 어깨가 자꾸
푸른 잎으로 출렁이고 있었다.

[묵상본문 누가복음 24:13~35]

그날에 그들 중 둘이 예루살렘에서 이십오 리 되는
엠마오라 하는 마을로 가면서
이 모든 된 일을 서로 이야기하더라
그들이 서로 이야기하며 문의할 때에
예수께서 가까이 이르러 그들과 동행하시나
그들의 눈이 가리어져서 그인 줄 알아보지 못하거늘
　　　　　　　　　　　　(누가복음 24:13~16).

* 엠마오는 예루살렘에서 서쪽으로 10km 정도 떨어진
  마을입니다. 예수님이 십자가에서 돌아가신 후에
  실망한 두 제자가 낙망하여 힘없이 예루살렘에서
  해가 지는 서쪽 엠마오로 어깨가 축 처져서 걸어가고 있습니다.

길을 가다가 부활하신 예수님을 만났지만
그들은 알아보지 못합니다.
성경 말씀을 풀어주시고, 떡을 떼고 축사하실 때
그분이 부활하신 예수님인 것을 알아차리지만
그때는 예수님이 이미 떠나신 후였지요.

그래서 그 제자들은 다시 기쁨에 차서
해가 돋는 동쪽 예루살렘으로 힘차게 되돌아
달려갔습니다.
머리 위에 태양을 이고 솟은 어깨가 푸른 잎으로
출렁였습니다.

4월 넷째 주

빌려 쓰던 사람

당신을 위해선
작은 나귀 한 마리도 기르지 못한
목자여 가난한 목자여,
감람 산 벳바게 맞은편 마을
나귀를 빌려 타셨네

때가 가까워 제자들 함께
네 집에서 유월절을 지키겠노라
그리 하소서 집도 없는 목자여
물동이 이고 가는 여인의
다락방을 빌리시고

온 세상의 죄도 다 빌려서
십자가도 빌려서 죽어간 이여
사흘 동안 무덤도 빌려 쓴 이여

너희도 다 빌려 쓰는 자라고
가르쳐주신 이여

56 엠마오로 가다가

생명을 빌려서, 우리는 모두
그 안에 모든 물건 다 빌려서
아내도 남편도 자식도 지위도
다 빌려 쓰는 자들인데

그런 우리는 오늘 무엇을
당신께 빌려드려야 할까요

[묵상본문 – 마태복음 21:1~11, 마가복음 11:1~10, 누가복음19:29~36]

그들이 예루살렘에 가까이 가서
감람 산 벳바게에 이르렀을 때에
예수께서 두 제자를 보내시며 이르시되
너희는 맞은편 마을로 가라
그리하면 곧 매인 나귀와 나귀 새끼가
함께 있는 것을 보리니
풀어 내게로 끌고 오라
만일 누가 무슨 말을 하거든 주가 쓰시겠다 하라
그리하면 즉시 보내리라 하시니 (마태복음 21:1~3).

* 우리는 땅을 사고 집을 사고 자동차를 사서
내 것이라고 누리며 삽니다.
배우자와 결혼하여 내 사람이라고 말합니다.
내 자식이라고 과외시키고 학원 보내고
그래서 수재, 천재라고 자랑하려 합니다.
내가 과장, 사장, 의사, 변호사, 국회의원,
장관이라고 뻐깁니다.
내게 있는 모든 것이 내 것이라고,
나도 내 것이고,
내 생명도 내 것이라고 말합니다.

그러나,
"여우도 굴이 있고 공중의 새도 거처가 있으되
인자는 머리 둘 곳이 없다"고
말씀하신 분이 있습니다.
그분은 당신이 타실 작은 나귀 한 마리도
기르지 못했습니다.

제자들과의 마지막 유월절 식사도,
물동이 이고 가는 여인의 다락방을
빌려서 하셨습니다.

온 세상 사람들의 죄도 모두 다 빌려서
당신이 다 떠안았고,
당신이 못 박혀 죽어야 할 십자가도
빌려서 짊어지셨습니다.
심지어 죽어서 누운 무덤도
사흘 동안 빌려서 쓰셨습니다.

그러면서 그분은 우리에게
너희도 다 빌려 쓰는 자라고 깨우쳐 주셨습니다.
우리의 재산도, 지위도, 배우자도, 자식도,
생명까지도 다 빌려 쓰는 것이라고
말씀하셨습니다.

그런 그분께 오늘 우리는
무엇을 빌려 드려야 할까요?

5월

엠마오의 저녁식사
(벨라스케스 作, 스페인, 1599-1660)

5월 첫째 주

부활

나무는 결코 죽지 않는다
잘리고 깎이고 못 박혀도
죽지 않는다

기둥으로 문짝으로
안방 장롱으로 침대로
밥상으로 도마로
다시 살아난다

집은
나무들의 천국

장롱이며 문들을
닦고 또 닦아 주시던
어머니를 생각한다

세상 나무들 깎고 다듬어
새사람 만드시는
목수, 그분을 생각한다

[묵상본문 - 이사야 53:5]

그가 찔림은 우리의 허물 때문이요
그가 상함은 우리의 죄악 때문이라
그가 징계를 받으므로 우리는 평화를 누리고
그가 채찍에 맞으므로 우리는 나음을 받았도다
(이사야 53:5).

* 나무는 살아서 좋은 일을 많이 하지만
죽어서도 좋은 일을 많이 합니다.
나무는 베어져 잘리고 깎이고 못 박혀도
(죽어도) 죽지 않습니다.
기둥으로 문짝으로 장롱으로 침대로
혹은 책상이나 밥상으로 도마로 다시 살아납니다.
그래서 이 세상은 나무들의 천국인지도 모릅니다.
그래서 그랬을까요? 어머니는 살아계실 때 매일매일
장롱이며 마루, 문들을 닦고 또 닦아 주셨지요.
나무 가구들을 보면 그래서 어머니가 생각납니다.

그런데, 나무들을 보면 또 생각나는 분이 계십니다.
세상에 오셔서 나무를 깎고 다듬는 목수 일을 하셨던 그분,
나무 십자가에 못 박히고도 살아나신 그분,
지금도 세상 나무들을 깎고 다듬어서
새사람 만들고 계신 그분이 생각납니다.

5월 둘째 주

수건돌리기

아담아 네가 어디 있느냐?
내가 벗었으므로 숨었나이다.
어찌하여 낯을 피하여 숨느냐?
누가 너의 벗었음을 네게 고하였느냐?
내가 너더러 먹지 말라 명한
그 나무 실과를 네가 먹었느냐?

하나님이 주셔서 나와 함께 하게 하신
여자 그가 줌으로 먹었나이다.
여자야 어찌하여 네가 이렇게 하였느냐?
뱀이 나를 꾐으로 내가 먹었나이다.
하나님, 하나님이 그 실과를 만드셨고
뱀 또한 만드시지 않았습니까?

[묵상본문 - 창세기 3:9~13]

여호와 하나님이 아담을 부르시며
그에게 이르시되 네가 어디 있느냐
이르되 내가 동산에서 하나님의 소리를 듣고
내가 벗었으므로 두려워하여 숨었나이다
이르시되 누가 너의 벗었음을 네게 알렸느냐
내가 네게 먹지 말라 명한 그 나무 열매를
네가 먹었느냐 아담이 이르되
하나님이 주셔서 나와 함께 있게 하신 여자
그가 그 나무 열매를 내게 주므로 내가 먹었나이다
여호와 하나님이 여자에게 이르시되
네가 어찌하여 이렇게 하였느냐
여자가 이르되 뱀이 나를 꾀므로 내가 먹었나이다
(창세기 3:9~13).

* 성경 '창세기'에 나오는 이야기입니다.
  에덴동산에서 아담과 이브가 선악과를 따 먹은
  그 이야기입니다.
  자기의 잘못을 모두 다른 사람의 탓으로 돌리고
  떠넘기고 있습니다. '수건돌리기'입니다.

수건돌리기는,
인간의 심성이 고스란히 숨겨진 게임입니다.
어찌 에덴동산의 아담과 이브뿐이겠습니까.
오늘날 우리들도 보이지 않는 수건을
수없이 돌리고 떠넘기고 있습니다.
이걸 어쩌면 좋을까요?

5월 셋째 주

기도

하늘이 열립니다
눈 감으면
별이 눈뜹니다

말하지 않아도
들으시고
말씀하지 않으셔도
들립니다

고요히 눈 감으면
감싸오는 온기
창 밖 비바람도
비껴갑니다

바닥에 무릎 꿇고
두 손 높이 들어
온 마음 바칩니다

[묵상본문 – 시편 63:1~2]

하나님이여 주는 나의 하나님이시라
내가 간절히 주를 찾되
물이 없어 마르고 황폐한 땅에서
내 영혼이 주를 갈망하며
내 육체가 주를 앙모하나이다
내가 주의 권능과 영광을 보기 위하여
이와 같이 성소에서 주를 바라보았나이다
(시편 63:1~2).

* 고요히 눈을 감으면 마음속에 하늘이 떠오릅니다.
내가 눈을 감으면 나 대신 별이 눈을 뜹니다.
내가 꼭 소리 내어 말하지 않아도 주님은 다 들으시고,
주님이 소리 내어 말씀하지 않으셔도 나는 듣습니다.

조용히 눈을 감고 마음 가라앉히면 차오르는
주님의 사랑.
창 밖엔 비바람이 칠지라도 내 영은 고요하고 맑습니다.
땅에 있어도 앉은 자리가 천국입니다.

5월 넷째 주

하나님의 수화

꽃 같은 선생님한테 수화를 배웁니다
소리 없는 말들이
손끝에서 꽃처럼 피어납니다

나무들도 말을 한다는 걸 알았습니다
푸른 잎 붉은 꽃 흔들기도 하고
동그란 열매 보여주기도 하니까요

수화를 배우는데, 번쩍!
번개가 쳤습니다, 하나님은
가지들의 흔들림, 꽃의 표정,
이파리들의 춤을 통해
말씀하시기도 하는구나

이제사 겨우 조금씩 보입니다
하나님의 말씀, 세상 여기저기에
나무처럼 자라는 것이

[묵상본문 – 시편 94:9]

귀를 지으신 이가 듣지 아니하시랴
눈을 만드신 이가 보지 아니하시랴 (시편 94:9).

* 꽃 같은 선생님한테 수화를 배웁니다.
  그러면서, 나무들도 수화로 말한다는 것 알았습니다.
  나무들도 가지를 흔들고, 잎새를 흔들며
  무슨 말인가 하고 있다는 걸 말입니다.

  그뿐이 아닙니다. 수화를 배우고 나서야 겨우,
  하나님은 입도 없고 손도 없는 분이라서
  가지들의 흔들림이나 꽃의 표정, 이파리들의
  춤을 통해 말씀하시기도 한다는 걸 알았습니다.

  이제사 겨우 조금씩 보입니다.
  세상 여기저기에 하나님의 말씀이
  나무처럼 자라고 있는 것이 말입니다.

6월

예수 그리스도의 승천(존 싱글턴 코플리 作, 미국, 1775)

6월 첫째 주

하늘은 낮게 호수는 높이

호수는 하늘을 품고
하늘은 호수를 품어

하늘처럼 맑은 호수
호수처럼 깊은 하늘

하늘 소리 들을 때
호수는 전체가 귀
호수 모습 바라볼 때
하늘은 전체가 눈

호수 만나려고
하늘은 낮게낮게 내려오고
하늘 맞으려고
호수는 높이높이 발돋움 하고

[묵상본문 - 빌립보서 2:6~11]

그는 근본 하나님의 본체시나
하나님과 동등됨을 취할 것으로 여기지 아니하시고
오히려 자기를 비워 종의 형체를 가지사
사람들과 같이 되셨고
사람의 모양으로 나타나사 자기를 낮추시고
죽기까지 복종하셨으니 곧 십자가에 죽으심이라
이러므로 하나님이 그를 지극히 높여
모든 이름 위에 뛰어난 이름을 주사
하늘에 있는 자들과 땅에 있는 자들과
땅 아래에 있는 자들로 모든 무릎을
예수의 이름에 꿇게 하시고
모든 입으로 예수 그리스도를 주라 시인하여
하나님 아버지께 영광을 돌리게 하셨느니라
(빌립보서 2:6~11).

* 어느 날 호수로 놀러간 적이 있습니다.
　호수가 아주 넓고 잔잔하고 깨끗해서
　마음까지 편안해지고
　정신이 맑아지는 것 같았습니다.
　하늘이 호수에 비치어서
　더욱 깊고 맑아보였습니다.
　호수와 하늘이 서로 마주 보는 정경이
　머릿속에서 지워지지 않았습니다.
　제 가슴 속에도
　호수와 맑은 하늘이 들어와
　자리를 잡았습니다.

하늘이 무슨 말씀을 하시나
온 마음을 기울여 들으려는 듯이
호수는 전체가 하나의 귀가 되어
하늘을 향해 귀를 기울이고 있습니다.
하늘은 호수의 표정이나 생각, 일거수일투족을
하나도 놓치지 않고 잘 살펴보려는 듯이
전체가 하나의 눈이 되어 바라보고 있습니다.

하늘은 호수를 만나려고 저 높은 하늘에서
가장 낮은 땅에 고여 있는 호수를 찾아
내려왔습니다.
호수는 하늘을 맞으려고
그 낮은 키를 까치발로 서서 발돋움하고 있습니다.
참 흐뭇하고 아름다운 풍경이 아닐 수 없습니다.

이쯤에서 여러분은 하나님이 생각나지 않습니까?
하나님께서는 우리를 만나시려고
하늘 높은 보좌에서 이 낮은 땅으로 내려오셨고,
우리의 모든 것을 살피시려고
하늘 전체가 눈이 되어 바라보신다는
그런 생각 말입니다.
그리고 우린 그런 하나님의 말씀을 잘 들으려고
전체가 하나의 귀가 되어 귀를 기울이고,
그런 하나님을 맞으려고
낮은 키를 까치발로 발돋움하고 있다는
생각 말입니다.

우리도 호수처럼 하늘을 품어 하늘처럼 맑아지고,
하늘을 만나 저 높은 곳을 향하여 올라가면
참 좋겠다는 그런 생각을 해보았습니다.

6월 둘째 주

침을 맞다가

삔 발목에 침을 맞는다
이를 악물고 소리지르며

예수님은 정말 손발에
못이 박혔을까
창끝에 옆구리가 뚫렸을까

어떻게 참았을까

환경정리를 하다가
흘린 압정에 발이 박힌다

식은땀이 흐른다

어떻게 참았을까

죄 없이 끌려가
어떤 마음으로 예수님은
빌라도 앞에 섰을까
사람들은 다시 못을 치는데
노을 비낀 언덕에서
정말 저들을 용서하라고
기도했을까

다시 살아난 그분은
어떻게 참았을까
작은 호두알 하나
쇠망치로 꽝
내려치지 않았을까
어떻게

[묵상본문 – 마태복음 27장 ~ 28장]

제구시쯤에
예수께서 크게 소리 질러 이르시되
엘리 엘리 라마 사박다니 하시니
이는 곧 나의 하나님, 나의 하나님,
어찌하여 나를 버리셨나이까
하는 뜻이라 (마태복음 27:46).

* 때로 잘 믿어지지 않을 때가 있습니다.
  예수님의 고난과
  초인적인 인내를 생각할 때
  더욱 그렇습니다.

  우리는 치료받기 위해 주사를 맞거나
  침을 맞는데도 오만상을 찌푸리고
  이를 악물고 소리를 지릅니다.

  그런데 예수님은
  대못으로 손발이 박히는 고통을
  어떻게 참았을까요?

작은 압정에 찔려도
식은땀이 흐르는데
예수님은
창에 옆구리가 뚫리는 십자가의 고통을
어떻게 견디셨을까요?

죄도 없이 끌려가 법정에 섰을 때
그 심정이 어땠을까요?

어떻게 저들을 용서하라고
기도할 수 있었을까요?

아니, 그보다도,
다시 살아나신 그분은
어떻게 참았을까요?

작은 호두알 하나밖에 안 되는 저것들을
쇠망치로 꽝!
내려치고 싶은
솟구쳐 오르는 분노를
어떻게 참았을까요,
어떻게!

6월 셋째 주

드라이플라워

허리 묶인 채
못 박힌 벽에 걸린
장미 한 다발

가시 끝에 배어나오는 피
찐득한 진액
뒤섞여 흐르는 어지러운 향기

거꾸로 매달려
말라 죽어가고 있다
신음소리, 한숨소리
엘리 엘리 라마 사박다니
닭울음소리

그를 매단 건
나의 죄

귀를 틀어막아도 계속 들린다
눈을 질끈 감아도 자꾸 보인다

물구나무 선, 깡마른 자코메티
거꾸로 매달린 베드로
아아, 지저스 크라이스트
나무에 매달려, 창자가 터진 가룟 유다

[묵상본문 – 마태복음 27:32~50]

그들이 예수를 십자가에 못 박은 후에
그 옷을 제비 뽑아 나누고 거기 앉아 지키더라
그 머리 위에 이는 유대인의 왕 예수라 쓴 죄패를
붙였더라 (마태복음 27:36~37).

제육시로부터 온 땅에 어둠이 임하여
제구시까지 계속되더니 제구시쯤에
예수께서 크게 소리 질러 이르시되

엘리 엘리 라마 사박다니 하시니
이는 곧 나의 하나님, 나의 하나님,
어찌하여 나를 버리셨나이까
하는 뜻이라 (마태복음 27:45~46).

* 여러분도 장미꽃 꺾어 화병에 꽂지요?
그리고 말린다고 거꾸로 매달기도 하지요?
아름다운 드라이플라워를 만든다면서
아무 거리낌도 없이, 아무런 아픔도 없이!
역지사지란 말 아시지요?
장미의 입장에 서보니 끔찍했습니다.

그를 매단 건 나의 죄였습니다.
아무리 귀를 막아도, 눈을 질끈 감아도
들리고 보였습니다.
깡마른 자코메티의 조각상,
거꾸로 매달려 죽었다는 베드로,
십자가에 매달려 돌아가신
예수님의 신음소리,
목매달아 죽어 창자가 터진
가룟 유다의 모습!

6월 넷째 주

옥합

베다니 나병환자 시몬의 집
식사하실 때, 그 때
그 여자 나타났네
그 비싼 향유 한 옥합 들고

쨍그렁! 깨뜨려
예수님 머리에 부어드렸네
자신을 깨뜨려 쏟아 부으실
그분, 그분께
온몸을 깨뜨렸네
평생을 쏟아 부었네

아브라함은 이삭을 깨뜨리고
기드온은 항아리를 깨뜨렸는데

나 무얼 깨뜨릴까

[묵상본문 - 마가복음 14:1~9, 마태복음 26:6~13]

예수께서
베다니 나병환자 시몬의 집에서 식사하실 때에
한 여자가 매우 값진 향유
곧 순전한 나드 한 옥합을 가지고 와서
그 옥합을 깨뜨려 예수의 머리에 부으니 (마가복음 14:3).

* 성경에는 주님께 자기 것을 깨뜨려
  온전히 바친 이야기가 많이 나옵니다.
  예수님께 향유 옥합을 깨뜨려 부은 여인도 있고,
  항아리를 깨뜨리고 횃불을 들고 적을 물리친
  기드온의 이야기도 있습니다.
  100세에 낳은 외아들 이삭을 바친
  아브라함의 이야기도 있고,
  목숨을 바쳐 순교한 사도들의 이야기도 있습니다.

이런 기사들을 읽고 들을 때마다 생각하게 됩니다.
온통 모두 받기만 하고,
온전히 주님의 은혜로 살고 있는데
나는 도대체 무엇을 주님께 깨뜨려드려야 할까요?

6월 다섯째 주

웃을 일

꽃이 졌다고
울 일인가

남은 초록 잎
아직 눈부시다

꽃이 졌다고
꽃 시절 다 간 건 아니다

꽃자리에 붉은 열매 달리면
그 또한 꽃이 아니던가

[묵상본문 - 전도서 3:1~8]

1 범사에 기한이 있고 천하만사가 다 때가 있나니
2 날 때가 있고 죽을 때가 있으며
　심을 때가 있고 심은 것을 뽑을 때가 있으며
3 죽일 때가 있고 치료할 때가 있으며
　헐 때가 있고 세울 때가 있으며
4 울 때가 있고 웃을 때가 있으며
　슬퍼할 때가 있고 춤출 때가 있으며
5 돌을 던져 버릴 때가 있고 돌을 거둘 때가 있으며
　안을 때가 있고 안는 일을 멀리 할 때가 있으며
6 찾을 때가 있고 잃을 때가 있으며
　지킬 때가 있고 버릴 때가 있으며
7 찢을 때가 있고 꿰맬 때가 있으며
　잠잠할 때가 있고 말할 때가 있으며
8 사랑할 때가 있고 미워할 때가 있으며
　전쟁할 때가 있고 평화할 때가 있느니라 (전도서 3:1-8).

* 꽃이 지면 아쉬워하며 슬퍼서
  속으로 우는 사람들이 있습니다.
  그러나 꽃이 졌다고 울 일은 아니지요.
  가만히 생각해보면 꽃이 져야 열매가 맺히고,
  열매가 맺히면
  그 또한 얼마나 아름답고 예쁜지 모릅니다.
  그리고 보면 열매도 또 다른 꽃입니다.

  인생에서 꽃 시절 지났다고,
  고난이 닥쳐왔다고 울 일 아닙니다.
  고난을 통해 성숙해지고,
  꽃 시절 지나야 결실의 때가 옵니다.
  그러니 꽃이 지는 것은 울 일 아니고 웃을 일입니다.
  감사할 일입니다.

7월

성령강림 (조셉 이그나즈 밀도퍼 作, 헝가리, 1782)

7월 첫째 주

너에게로 가면서
- 예수님 말씀 -

네 발로 내게 오진 못할 것을 알기에
내가 너에게로 가고 있다
너와의 약속을 생각하며
지금도 이렇게 다가가고 있다
세상의 교통난은 날로 심각해
지상의 길 막히지 않는 곳이 없구나
꼭 가마고, 언제라고 딱 잘라 말하진 못해도
아주 속히 가겠노라고 그렇게만 했던 말을
기억하느냐
기다린 시간이 지치도록
이미 때가 많이 기울었는데
지금 축대 무너진 뒷골목을 이렇게 달려가고 있다
세상의 약속은 날로 잊혀져
지상의 믿음 사라지지 않은 곳이 없구나
잊지 마라, 내 마음 더 급히 달려가고 있다
기다리라 기다리라, 지금도 이렇게 달려가고 있다

[묵상본문 - 사도행전 1:9~11]

이 말씀을 마치시고
그들이 보는데 올려져 가시니
구름이 그를 가리어 보이지 않게 하더라
올라가실 때에 제자들이 자세히
하늘을 쳐다보고 있는데
흰 옷 입은 두 사람이 그들 곁에 서서
이르되 갈릴리 사람들아 어찌하여
서서 하늘을 쳐다보느냐
너희 가운데서 하늘로 올려지신 이 예수는
하늘로 가심을 본 그대로 오시리라
하였느니라 (사도행전 1:9~11).

* 세상은 날로 악해져가고, 질병과 고통,
가난과 전쟁, 기근과 걱정, 불신과 탐욕,
미움과 갈등이 심해져가고 있습니다.

어서 빨리 주님이 오셔서
죄악 세상을 다 심판하시고,
이 땅을 고치시고,
주님의 나라를 이루셨으면 좋겠는데,
주님은 왜 이렇게 더디신지
오시지를 않습니다.

그래서 주님께 막 투정을 부리며
떼를 써 보았습니다.
그랬더니 주님은
이렇게 말씀하시는 것 같았습니다.
그 말씀을 옮겨 적어 보았습니다.

"네 발로 내게 오진 못할 것을 알기에
내가 너에게로 가고 있다.
너와의 약속을 생각하며
지금도 이렇게 다가가고 있다…
지금 축대 무너진 뒷골목을

이렇게 달려가고 있다.
세상의 약속은 날로 잊혀져
지상의 믿음 사라지지 않은 곳이 없구나.
잊지 마라, 내 마음 더 급히 달려가고 있다.
기다리라 기다리라,
지금도 이렇게 달려가고 있다."

이것들을 증언하신 이가 이르시되
내가 진실로 속히 오리라 하시거늘
아멘, 주 예수여 오시옵소서.

7월 둘째 주

프리즘

그대 프리즘 속에 들어가면서
허리 굽혀 겸손을 배우네

그 여정 다 마치고
그대 프리즘 밖으로 나설 때
어깨 비스듬히 감싸는 무지개
새 빛으로 풀리네

굽히고 숙이고
꺾이고 접힌 다음
유리벽 너머 펼쳐지는
또 다른 세상을 보네

[묵상본문 – 야고보서 1:12]

시험을 참는 자는 복이 있나니
이는 시련을 견디어 낸 자가
주께서 자기를 사랑하는 자들에게 약속하신
생명의 면류관을 얻을 것이기 때문이라 (야고보서 1:12).

* 찬송가 487장은 이렇게 말합니다.

   1. 어두움 후에 빛이 오며, 바람 분 후에 잔잔하고,
      소나기 후에 햇빛 나며, 수고한 후에 쉼이 있네.

   2. 연약함 후에 강건하며, 애통한 후에 위로 받고,
      눈물 난 후에 웃음 있고, 씨 뿌린 후에 추수하네.

   3. 괴로움 후에 평안 있고, 슬퍼한 후에 기쁨 있고,
      멀어진 후에 가까우며, 고독함 후에 친구 있네.

   4. 고생한 후에 기쁨 있고, 십자가 후에 영광 있고,
      죽음 온 후에 영생하니 이러한 도가 진리로다.

저는 프리즘에서, 프리즘을 통과해 나오는 빛에서
이와 같은 모습을 보았습니다.
주님의 고난과 영광도, 우리 삶의 고난과 기쁨도
함께 보았습니다.

7월 셋째 주

귀

사자 호통, 호랑이 외침만 듣고 살다가
다람쥐 하소연, 토끼 하소연, 귀 막고 살다가
나 귀먹었구나
바람의 노래, 강물의 노래, 달의 노래, 별의 노래
들을 수 없게 되었구나

울지 않는 귀또리, 당신의 침묵
알고보니
내가 귀를 닫은 것이었구나

[묵상본문 – 시편 94:9]

귀를 지으신 이가 듣지 아니하시랴
눈을 만드신 이가 보지 아니하시랴 (시편 94:9).

* 언제부턴가 작은 소리가 잘 들리지 않습니다.
어쩌다 이렇게 되었을까요?
곰곰 생각해보니,
그 동안 목청 큰 소리, 힘 있는 자의 외침만
듣고 살았더라구요.
작고 약하고 힘없는 사람들의 말이나,
바람소리 강물소리 달이나 별의 속삭임엔
신경도 쓰지 않았더라구요.
귀뚜라미가 울지 않은 것이 아니라,
당신이 침묵한 것이 아니라,
내가 귀를 닫은 것이었더라구요.

7월 넷째 주

사랑수선

행복상가 뒷골목
사랑수선집

좁아진 품, 질질 끌리는 욕망의 바짓가랭이
낡고 헐고 해진 사랑, 너덜거리는 가슴
고칠 수 있단 말인가

자르고, 잇고, 뜯고, 박고…

오그라들고 비뚤어지고
때 묻고 솔기 터진 내 사랑도
새 옷처럼 살려낼 수 있을까

오늘도 하루 종일 거리를 헤맸다
목이 마르다

삶의 보따리 통째로 싸 들고
사랑수선 사랑 수선
들어가 볼까

[묵상본문 – 요한일서 4:7~12]

사랑하는 자들아 우리가 서로 사랑하자
사랑은 하나님께 속한 것이니
사랑하는 자마다 하나님으로부터 나서 하나님을 알고
사랑하지 아니하는 자는 하나님을 알지 못하나니
이는 하나님은 사랑이심이라
하나님의 사랑이 우리에게 이렇게 나타난 바 되었으니
하나님이 자기의 독생자를 세상에 보내심은
그로 말미암아 우리를 살리려 하심이라
사랑은 여기 있으니 우리가 하나님을 사랑한 것이 아니요
하나님이 우리를 사랑하사 우리 죄를 속하기 위하여
화목제물로 그 아들을 보내셨음이라
사랑하는 자들아
하나님이 이같이 우리를 사랑하셨은즉
우리도 서로 사랑하는 것이 마땅하도다
　　　　　　　(요한일서 4:7~11).

* 시를 쓰는 사람들은 남다른 눈과 귀를
가지고 있다고도 말할 수 있습니다.
그리고 생각이 남다른 사람이기도 합니다.
늘 감각기관을 열어놓고 생각을 하며
사람과 사물을 대합니다.
거리를 걸어가도 그냥 무심히 걷지 않습니다.
가게의 간판 하나도 그냥 지나치지 않습니다.

간판이 〈사랑수선〉인 수선집이 있습니다.
그 간판을 보는 순간 이런 생각이
번쩍하고 나는 거예요.
'뭐라구? 사랑을 수선한다구?
사랑도 수선할 수 있다구?'
그집 주인이 아마 믿는 분일 겁니다.
그래서, 사랑의 마음을 품고 정성스럽게
옷을 잘 수선해드리겠다는 뜻으로
이런 간판을 달았을 겁니다.

그런데, 저는 그 간판을 보는 순간
좀 엉뚱한 남다른 생각을 떠올린 것입니다.
그것은 아마 제가 제대로 된 사랑을
실천하고 있지 못해서였을 것입니다.

하나님을 사랑하고 이웃을 내 몸 같이 사랑하며
산다고 하면서도 늘 속이 좁고
이기심과 내 욕망에 사로잡혀서
낡고 헐고 해진 옷처럼 너덜거리는 모습이
아닌가 말입니다.
이 오그라들고 비뚤어지고 때 묻고 솔기 터진
내 사랑도 자르고, 잇고, 뜯고, 박아서
새 옷처럼 살려낼 수 있다면 얼마나 좋을까
그런 생각을 했던 것입니다.

세상 사는 일이 녹록지 않아 피곤하고 힘들며
목이 마를 때 삶의 보따리를 통째로 싸 들고 가서
이 〈사랑수선〉집에 맡기면 말끔하게 수선하여
새 옷처럼 고칠 수 있다면 정말 좋지 않을까요?
여러분은 어떠신지요?

〈사랑수선〉집에 들어가 사랑 수선 한번
맡겨 보실 생각은 없으신지요?
그런데, 진짜 〈사랑수선〉집은
교회라는 생각은 안 드시나요?

8월

성안聖顔
(조르주 루오 作, 프랑스, 1933)

8월 첫째 주

다시 오신 예수

다시 오신 예수님을 만났다
그는, 이미 오래 전에 사막이 되어버린
세상에, 다시 와 있었다

처음에 왔을 때는 손과 발에만 못이 박혔는데
다시 온 그분은, 온몸에 못이 박혀
가시뭉치가 되어 있었다

처음에 왔을 때는 사흘 동안만 죽었었는데
다시 온 그분은, 죽도록 아픔을 견디고 있었다

한센병은 언제 걸린 것일까
손가락 발가락도 떨어져 나간 뭉툭한 사지
몸뚱이 아무데나 혹처럼 달고
입이 코에 붙고, 코가 귀에 붙은 모습으로
거기 그렇게 서 있었다

누구를 기다리나, 언제까지 기다리려나
붉은 심장을 가슴에 꽃처럼 꺼내 달고
아직도, 영원히 너를 사랑한다고
그분은 붉게 웃고 있었다

아니, 시퍼렇게 멍들어 온몸으로 울고 있었다
핏빛 딱정벌레 한 마리가
못 박힌 그분의 등을 기어오르고 있었다

오, 선인장! 다시 오신 예수여!

[묵상본문 - 요한계시록 22:20]

이것들을 증언하신 이가 이르시되
내가 진실로 속히 오리라 하시거늘
아멘 주 예수여 오시옵소서 (요한계시록 22:20).

* 이 시는 다시 오신 예수님 이야기가 아닙니다.
 선인장 이야기입니다.
 아니, 선인장에게서 예수님을 본 이야기입니다.

 어느 날 선인장을 보았는데,
 선인장이 예수님으로 보이는 거예요.
 이 시대, 이 세상에, 예수님이 다시 오신다면
 딱 저런 모습이 아닐까 그런 생각이 들더군요.

 처음에 오셨을 때는
 손과 발에만 못이 박히셨는데,
 다시 오신다면 인간의 죄악이 하도 극심하여
 아마 온몸에 못이 박혀 마치 선인장처럼
 가시뭉치가 되셨지 않을까요?

 처음에 오셨을 때는
 사흘 동안만 무덤에 계셨지만,

다시 오셨다면 죽지도 못하고 죽을 때까지
온갖 고통을 견뎌내시지 않을까요?

처음 오셨을 때 한센병자의 손을 잡고
끌어안고 고쳐주신 그분이 다시 오신다면
그분 자신이 한센병 환자가 되어
온몸으로 앓고 계시지 않을까요?

선인장을 보세요.
마치 한센병 환자 같이 생겼다는 생각이
드시지 않나요?
손가락 발가락이 떨어져 나간 뭉툭한 손과 발,
입이 코에 붙고 코가 귀에 붙은
괴상한 모습이지 않습니까?

이 시대, 이 세상은 인간의 탐욕과 죄악으로
이미 사막이 되어버렸습니다.
그런 사막에 그는 다시 오셨나 봅니다.
이 메마른 땅에서도 온몸에 가시 같은 잎을 피우고,
마치 심장을 꺼내 가슴에 단 것처럼
붉은 꽃을 피워냈군요.

우리를 향해 사랑한다고
영원히 함께 하시겠다고 붉게 웃는군요.
아니 시퍼렇게 멍든 온몸으로
울고 있는지도 모릅니다.
오오! 선인장!
선인장은 다시 오신 예수님이 맞는 것 같습니다.

8월 둘째 주

사랑은 내려 이어져

비가 내린다

어린 고추에
젖을 물리고
시든 풀잎
싱싱하게 씻기신다

입 다문 봉오리를 방긋이 열어 놓고
시냇물 쓰다듬어 물고기 풀어 놓으신다

하늘에서
땅으로
수천수만의 맑은 젖줄이
실실이
실실이
늘어져 있다

[묵상본문 – 마태복음 5:45]

이 같이 한즉
하늘에 계신 너희 아버지의 아들이 되리니 이는
하나님이 그 해를 악인과 선인에게 비추시며
비를 의로운 자와 불의한 자에게 내려주심이라
(마태복음 5:45).

* 하늘에서 비가 내립니다.
  그 비를 받아먹고 어린 고추도 상추도
  무럭무럭 자랍니다.
  시든 풀잎들은 싱싱하게 일어서고
  샤워를 한 듯 깨끗해집니다.
  꽃봉오리들은 통통하게 살이 올랐다가
  방그레 웃으며 피어납니다.
  시냇물은 불어나고 물고기들은 신이 나서
  이리저리 헤엄칩니다.

  비는 하늘이 내리는 차별 없는 사랑입니다.
  사람과 만물을 살리는 맛난 젖입니다.
  비가 내리는 모습은 마치 하늘에서 땅으로
  수많은 투명한 젖줄이
  늘어져 내리는 것 같습니다.

  이런 성경 말씀이 생각납니다.
  "하나님이 그 해를 악인과 선인에게 비추시며,
  비를 의로운 자와 불의한 자에게 내려주심이라"

8월 셋째 주

나무의 감사

이 세상에 나무로 보내주심을 감사합니다

바로 이 자리에 세워주심을 감사합니다
여기저기 이사 다니지 않고
한 곳에 살게 하심을 감사합니다
서서 자게 하셔도 감사합니다

햇볕 주심을 감사합니다
바람 주심을 감사합니다
비도 눈도 내려 주심을 감사합니다
때로 가뭄 주심도 감사합니다
태풍에 팔이 부러져도 감사합니다
옷 겹겹 껴입고 한여름 땡볕에 서 있어도
벌거벗고 눈보라 속에 기다려도 감사합니다

날마다 자라게 하심을 감사합니다
푸른 잎 붉은 꽃 피우게 하심을 감사합니다
열매도 주렁주렁 매달게 하심을 감사합니다

열매가 달고 향기롭게 하심을 감사합니다
시원한 그늘 제공하게 하심을 감사합니다
때가 되면 가진 잎 다 내려놓게 하심도 감사합니다
세상 끝 날까지 늘 함께 하시겠다 하시니 감사합니다

평생 하늘 품 안에 느낌표로 서 있음을 감사합니다

[묵상본문 – 시편 107:1~9]

여호와께 감사하라
그는 선하시며 그 인자하심이 영원함이로다 (시편 107:1).

여호와의 인자하심과 인생에게 행하신 기적으로 말미암아
그를 찬송할지로다 (시편 107:8).

그가 사모하는 영혼에게 만족을 주시며
주린 영혼에게 좋은 것으로 채워주심이로다 (시편 107:9).

* 나무는 모든 악조건에도 불구하고
  묵묵히 자기의 사명을 충실히 이행합니다.

  그러면서 나무는 그래서 감사하고,
  그러나 감사하고, 그럼에도 감사합니다.

  그렇다면, 나무와는 비교할 수 없을 정도로
  엄청난 은혜를 받은 우리가
  어찌 감사하지 않을 수 있을까요!

8월 넷째 주

영산靈山

한 남자
통나무 기둥 지고
산山으로 올라갔다

거기서 그는
기둥에 못 박혀
길이 되었다

봉우리는 먹구름 뚫고
그가 못 박힌 기둥은…
세상에서 가장 높은 산山이 되었다

사람들의 가슴 속에
산山이 하나씩
솟아오르기 시작했다

[묵상본문 – 이사야 53:5, 요한복음 3:16]

그가 찔림은 우리의 허물 때문이요
그가 상함은 우리의 죄악 때문이라
그가 징계를 받으므로 우리는 평화를 누리고
그가 채찍에 맞으므로 우리는 나음을 받았도다
(이사야 53:5).

하나님이 세상을 이처럼 사랑하사 독생자를 주셨으니
이는 그를 믿는 자마다 멸망치 않고
영생을 얻게 하려 하심이라 (요한복음 3:16).

* 예수님은 통나무 십자가를 지고 골고다 언덕으로
올라가셨습니다.
그분은 거기서 십자가에 못박혀 돌아가셨습니다.
그때 십자가 기둥은 죄악의 먹구름을 뚫고 하늘로
솟았고, 세상에서 가장 높은 봉우리가 되었습니다.
이로써 예수님은 구원의 길이 되셨습니다.

이 사랑, 이 은혜에 감격한 사람들의 가슴속에도
거룩한 산이 솟아오르기 시작했고, 인류 구원의 길은
열리게 된 것입니다.
그 사랑, 그 은혜에 감사를 드립니다.

8월 다섯째 주

저녁놀

누구에게는 눈물이고,
아픔이고,
그리움이고,
애가 탐이고,

또 누구에게는 후회이고,
기쁨이고,
감격이고,
황홀일 테지만,

하루를 살아낸 모든 이에게
하늘이 그려주는
명화 한 폭

[묵상본문 – 시편 100:5]

여호와는 선하시니 그의 인자하심이 영원하고
그의 성실하심이 대대에 이르리로다 (시편 100:5).

* 오늘도 하루가 저뭅니다.
  서녘 하늘에 노을이 참 아름답습니다.
  어느 때는 처절한 느낌이 들기도 합니다.
  저녁놀을 바라보면 어느 때는 감격스럽고,
  어느 때는 그리움이 밀려오기도 하고,
  또 어느 때는 한없이 슬프거나 애가 타기도 합니다.
  기쁨이 밀려와 감격스러울 때도 있습니다.
  같은 사람에게도 날에 따라 다르고,
  같은 날에도 사람에 따라 다르게 보입니다.

  그렇다면, 우리에게 저녁놀은 무엇일까요?
  사람에 따라 때에 따라 다 다르게 보이지만,
  하나님께서 주신 생명을 입고
  이 땅에서 하루를 살아낸 모든 사람들에게
  하늘이 그려주는 명화 한 폭이 아닐까요?

9월

그리스도 안에 모이어 (조르주 루오 作, 프랑스, 1945)

9월 첫째 주

몸

사과를 깎다 아차, 손가락을 벴다. 다른 손가락들 우르르 달려와 누르고 감싸고 어루만지고, 혀는 상처를 빨고, 입술은 호호, 눈물은 그렁그렁.

몸 나라에서는 왼팔과 오른팔이 싸우지 않는다. 따돌리거나 미워하지 않는다. 발이 더러우면 손이 닦아준다. 벌이 날아와 쏘려 하면 팔이 멀리 쫓아 버린다. 손끝에 가시가 박히면 온몸이 함께 아파 하고, 발바닥만 살짝 간지려도 온몸이 함께 웃는다. 무거운 몸을 업고 발은 낙타처럼 사막을 건넌다. 입은 먹는 걸 좋아하지만 자신만을 위해 먹지 않는 다. 보는 건 눈이지만 웃는 건 입이다. 귀에 슬픔이 번지면 눈물이 마음을 적신다.

두 팔로 몸을 끌어안는다.

[묵상본문 - 요한계시록 21:1~7]

모든 눈물을 그 눈에서 닦아 주시니
다시는 사망이 없고
애통하는 것이나 곡하는 것이나
아픈 것이 다시 있지 아니하리니
처음 것들이 다 지나갔음이러라 (요한계시록 21:4).

* 천국은 아주 가까운 곳에 있었습니다.
 우리의 몸이 바로 천국입니다.
 우리가 실수로 손가락을 베면
 다른 손가락들이 급히 달려와
 누르고 감싸고 어루만지고,
 혀는 상처 부위를 빨아내고,
 입술은 호호 불어주고,
 눈엔 눈물이 그렁그렁합니다.
 왼팔이 오른팔과 싸우는 일도 없고,
 서로 따돌리거나 무시하는 일이 없지요.
 위험이 닥치면 힘을 합쳐 물리치고,
 서로를 위해 일합니다.
 함께 웃고 함께 웁니다.
 멀리 다른 데서 천국을 찾을 일이 아닙니다.

 몸이 바로 천국입니다.

9월 둘째 주

만남

아침, 골목길을 나서는데
누가 내 볼을
슬쩍 쓰다듬었다
바람이었다
아니
그분이었다

나무 밑을 지나가는데
누가 내 어깨를
툭! 쳤다
꽃송이었다
아니
그분이었다

점심시간, 열심히 밥을 먹는데
누가 귓전에 속삭였다
꼭꼭 씹어 천천히 먹어
어머니였다
아니
그분의 음성이었다

밤길 돌아오는데
누가, 찡끗!
윙크를 보냈다
별이었다
아니
그분이었다

[묵상본문 – 마태복음 28:20]

내가 너희에게 분부한 모든 것을
가르쳐 지키게 하라
볼지어다
내가 세상 끝날까지
너희와 항상 함께 있으리라
하시니라 (마태복음 28:20).

* 아침에 길을 나설 때나,
나무 밑을 지나갈 때,
혹은 밥을 먹을 때,
밤 늦게 집에 돌아올 때,
우리는 전혀 의식하지 못하고 무심히 지나치지만
그분은 항상 우리 곁에 함께 계십니다.
그분은 바로 하나님이십니다.
모든 미세한 징후에서 그분을 알아차리는
예민한 영성을 가졌으면 참 좋겠습니다.
"볼지어다
내가 세상 끝날까지 너희와 항상 함께 있으리라"

9월 셋째 주

강물을 따라

내 그리움은, 왜
그대에게로 자꾸 휘어지는가
그대 곁에 다가서면
왜 내 가슴은 일렁이는가

기어이 만나야 할, 그대도
무슨 그리움 하나 품고 지내시는가
어디로 자꾸 흘러만 가시는가

나도 그리움 따라 흘러 흘러가는데
울고 웃고 때로는 어깨도 들썩이면서
자꾸자꾸 가다 보면 그대 만날 수 있을까

벌판 지나, 가물가물 하늘 끝으로
흘러 흘러서 가네

[묵상본문 - 마태복음 8:18, 요한복음 12:26]

예수께서 무리가 자기를 에워싸는 것을 보시고
건너편으로 가기를 명하시니라 (마태복음 8:18).

사람이 나를 섬기려면 나를 따르라
나 있는 곳에 나를 섬기는 자도 있으리니
사람이 나를 섬기면
내 아버지께서 그를 귀히 여기시리라 (요한복음 12:26).

* 우리 삶을 이끌어가는 힘은 무엇일까요?
  어떤 사람은 '권력에의 의지'라고 말하고,
  어떤 사람은 '쾌락에의 의지'라고 말하고,
  또 누군가는 '의미에의 의지'라고 말합니다.
  그러나, 우리 삶을 이끌어가는 힘은
  어쩌면 '그리움'일지도 모릅니다.

  무언지 모르게 허전하고 그리워지는 날은
  강가로 갑니다.
  강도 그리운 누군가를 가슴에 품고 있어
  그 그리움을 향해 어디론가 자꾸
  흘러가는 것일까요?
  내 마음도 자꾸 강물을 향해 휘어지고,
  강물 곁에 다가서면

강물처럼 가슴이 일렁거립니다.
강물은 계속 어디론가 흘러가는데,
때로는 웃기도 하고, 때로는 울기도 하고,
때로는 몸을 뒤틀기도 하고,
어떤 때는 어깨를 들썩이기도 하면서
흘러갑니다.
그렇게 자꾸 가다보면 강물은
그리운 임을 만날 수 있을까요?

나도 강물처럼 웃고 울며 몸을 뒤틀며
어깨도 들썩이면서 살아갑니다.
나도 이렇게 살아가다 보면 마침내
내 그리운 임을 만날 수 있을까요?
강물은 아무 말 없이 벌판 지나,
가물가물 하늘 끝으로 흘러 흘러서 가는데…

우리 삶을 이끌어가는 힘은 무엇일까요?
그것은 어쩌면 '그리움'일지도 모릅니다.
그 그리움은 아마 저 천국을 향한
그리움일 것입니다.

그 강물은 아마
예수 그리스도일 것입니다.

9월 넷째 주

오래된 성소

고향집 뒤란 장독대는
할머니의 할머니 적부터 지켜온 성소.

고추장 단지, 새우젓 독, 된장 항아리 … 납작한 단지,
길쭉한 독, 펑퍼짐한 항아리, 입술 도톰한 단지,
코 비뚤어진 독, 귀 찌그러진 항아리, 이마 반짝이는,
목덜미 붉은, 허리 굵은 항아리들이 간장, 된장, 고추장
가슴에 품고 깊은 기도에 들었습니다.
비 오고, 바람 불고, 눈서리 내려도 꼼짝 않습니다.

달도 별도 함께 기도합니다.
우리 어머니도 장독 닦아주며
저기서 밤낮 기도하십니다.
장醬들이 익어가고, 어머니 기도도 익어갑니다.

[묵상본문 - 시편 130:1~2]

여호와여 내가 깊은 곳에서 주께 부르짖었나이다
주여 내 소리를 들으시며 나의 부르짖는 소리에
귀를 기울이소서 (시편 130:1~2).

* 고향집 뒤란에는 장독대가 있었지요.
  그곳에는 크고 작은 고추장 단지, 된장 항아리,
  간장독들이 모여 있었습니다.
  어머니는 매일 그 항아리, 독, 단지들을 닦아주고,
  뚜껑을 열었다 닫았다 살펴가며 관리하면서
  거기서 가정과 가족을 위해 기도하셨습니다.

  그곳은 할머니의 할머니 때부터 이어온
  아주 오래된 성소였습니다.
  거기서 장들이 익어가고,
  할머니와 어머니의 기도도 익어갔습니다.

10월

론강의 별이 빛나는 밤에
(빈세트 빌럼 반 고흐 作, 네덜란드, 1888)

10월 첫째 주

베드로에게

그 밤
대제사장의 집 뜰까지 따라갔던
그래도 의리 있는 그대

나는 모른다, 정말 모른다
가슴을 두근거리며 당황하던 그대

단 세 번의 부인否認으로
가슴의 핏금 잡아당겨
아프게 종을 울리는 그대

쿼바디스 도미네*
주의 길을 물은 그대
다시 돌아선 그대

거꾸로 매달린 십자가
웃으며 죽은 그대

다시 나를 매다는 그대

[묵상본문 – 마태복음26:69~75, 마가복음14장, 누가복음 22장]

이에 베드로가 예수의 말씀에
닭 울기 전에 네가 세 번 나를 부인하리라
하심이 생각나서 밖에 나가서 심히 통곡하니라
(마태복음 26:75).

* 베드로를 생각하면 남의 일 같지가 않습니다.
꼭 제 모습을 보는 것 같으니까요.
믿음이 있다고 큰소리치지만 열고 보면 허당이고,
실천보다 먼저 말이 앞서며, 성격이 급하고
실수투성이인 베드로. 그러나, 저에 비하면
베드로는 그래도 괜찮은 사람입니다.
주님이 잡히시던 그 밤에 베드로는 그래도
대제사장의 집 뜰까지 따라갔습니다.
저 같았으면 아예 멀찌감치 도망가서
꼭꼭 숨어버렸을 것입니다.
베드로는 주님을 모른다고 세 번 부인했지만,
저는 세 번뿐 아니라 수십 번, 수백 번도 더
주님을 부인하지 않았던가요!
베드로는 로마를 빠져나가다가 주님을 만나자
쿼바디스 도미네? (주여 어디로 가시나이까?)
묻고, 다시 로마로 들어갔습니다.
그리고 십자가에 거꾸로 매달려 순교했답니다.
베드로가 자꾸 제 마음을 닭 우는 소리로 울립니다.

저를 다시 십자가에 매달고 있습니다.

10월 둘째 주

팥죽 때문에

산다는 것은
빈 항아리에 날마다
팥죽을 칠하는 일일까

팥죽처럼 끓는 기운과
한 그릇의 팥죽을
바꾸는 일일까

숨을 몰아쉬며 땀을 흘리며
새알심도
집어넣어야 하는 일일까

산다는 것은
끓는 팥죽보다 더 낯 뜨겁게
한 그릇의 팥죽과
장자의 명분을 바꾸는 일일까

핏빛 팥죽을
뒤집어쓰는 일일까

[묵상본문 - 창세기 25:27~34]

야곱이 죽을 쑤었더니
에서가 들에서 돌아와서 심히 피곤하여
야곱에게 이르되 내가 피곤하니
그 붉은 것을 내가 먹게 하라 한지라
그러므로 에서의 별명은 에돔이더라
야곱이 이르되 형의 장자의 명분을 내게 팔라
에서가 이르되 내가 죽게 되었으니
이 장자의 명분이 내게 무엇이 유익하리요
야곱이 이르되 오늘 내게 맹세하라
에서가 맹세하고 장자의 명분을 야곱에게 판지라
야곱이 떡과 팥죽을 에서에게 주매
에서가 먹으며 마시고 일어나 갔으니
에서가 장자의 명분을 가볍게 여김이었더라
(창세기 25:29~34).

* 팥죽 한 그릇에 장자의 명분을 판 에서를
우리는 아무런 망설임 없이 비난하곤 합니다.
그러나, 과연 우리가 에서를 그렇게 비난하고
정죄할 자격이 있을까요?

무엇을 먹을까, 무엇을 입을까,
어떤 집에서 살까,
그런 염려와 걱정에 매여
온통 생각은 거기에 쏠려 있지 않은가요?
한줌의 양식을 위하여, 돈 몇 푼 때문에,
동분서주하고, 정신을 팔고, 양심을 팔고,
영혼까지 저당 잡히지 않았던가요?

우리가 살아온 삶이
빈 항아리 같은 우리 빈 속에
에서처럼 팥죽을 칠하는 일은 아니었을까요?
팥죽처럼 끓는 기운과 한 그릇의 팥죽을
바꾸는 일은 아니었을까요?
때로는 거기에 어떤 특별함을 더하기 위해
팥죽의 새알심 같은 것을 집어넣으려
애썼던 것은 아니었을까요?

끓는 팥죽보다 더 낯 뜨겁게,

한 그릇의 팥죽과 하나님의 자녀, 상속자,

장자의 명분과 바꾸어버리고 있지는 않을까요?

핏빛 팥죽을 뒤집어쓴 것과 같은 이 모습으로

에서를 비난하고 정죄할 자격이

과연 우리에게 있을까요?

그 에서가 바로 저 자신인데 말입니다.

10월 셋째 주

꽃의 꽃, 별의 별

하늘에 핀 꽃을
별이라 부르고
땅 위에 뜬 별을
꽃이라 부르네

험한 세상 꽃이 피어
별들이 미소 짓고
어둔 밤 별이 피어
하늘은 꽃밭인데

가슴 속 꽃은
사랑으로 피어나고
영혼의 별은
등대로 깜박이네

이 세상에 나도
꽃의 꽃, 별의 별로 온 것이라고
꽃이 날 보며 방긋 웃네
별이 날 보며 눈 찡긋 윙크하네

[묵상본문 – 창세기 1:27; 2:7]

하나님이 자기 형상 곧 하나님의 형상대로
사람을 창조하시되 남자와 여자를 창조하시고 (창세기 1:27).

여호와 하나님이 땅의 흙으로 사람을 지으시고 생기를 그 코에 불어넣으시니 사람이 생령이 된지라 (창세기 2:7).

* 하늘에서 가장 아름다운 것은 무엇일까요?
사람들은 아마 '별'이라고 대답할 것입니다.
땅에서 가장 아름다운 것은 무엇일까요?
사람들은 아마 '꽃'이라고 대답할 것입니다.
세상이 험하고 살기는 힘들고 고통스러워도,
그래도 세상에는 꽃이 피어나서 아름답고,
어둠이 와서 세상이 캄캄해도,
어둠을 배경으로 반짝이는 별이 있어
사람들은 희망을 갖고 꿈을 잃지 않습니다.
우리들이 서로 사랑할 때 가슴속에는 아름다운
꽃이 피어나고, 아픔과 고통을 진정으로 위로하며
서로 아껴줄 때 희망의 별이 떠오릅니다.

하나님께서는 하나님의 형상을 따라 사람을
창조하시고, 코에 생기를 불어넣으셨습니다.
우리들을 꽃 중의 꽃, 별 중의 별로 만드신 것입니다.
그러기에 보시기에 심히 좋았더라 하셨지요.

10월 넷째 주

노을 강

밀려드는 부끄러움
받아 안은 것은
강물이었다

마지막 뜨거움
받아 안은 것도
강물이었다

흥건히 흐르는 피
가슴에 안고,
강은 눈을 감았다

잠시 후
하늘이 검은 천을 덮어주었다

[묵상본문 - 마태복음 27:45~54, 마가복음 15:33~39,
　　　　누가복음 23:44~47]

예수께서 다시 크게 소리 지르시고 영혼이 떠나시니라
이에 성소 휘장이 위로부터 아래까지 찢어져 둘이 되고
땅이 진동하며 바위가 터지고 무덤들이 열리며
자던 성도의 몸이 많이 일어나되 (마태복음 27:50~52).

* 노을 지는 강, 강물은 일렁이며 목숨이 사위어 갈 때, 생을 되돌아보면 얼마나 많은 후회와 부끄러움이 밀려올까요?
  그렇게 밀려오는 부끄러움, 마지막 심장의 뜨거움, 뜨거운 눈물, 그런 것까지 강물은 받아 안고 있었습니다.
  처절하리만큼 아름다운 피를 쏟으며 해는 숨을 거두고 있었습니다.
  흥건히 흐르는 피를 가슴에 받아 안고, 강물은 눈을 꼭 감았습니다.
  잠시 후 어둠의 장막이 이 모든 걸 덮어주었습니다.

십자가의 예수님을 생각합니다.
밀려드는 슬픔, 마지막 심장의 뜨거움, 붉게 흐르는 피,
하늘이 깊고 넓은 품에 모두 안아주었을 것입니다.
잠시 후 어둠의 장막이 모든 걸 덮어주었을 것입니다.
"다 이루었다. 이젠 되었다." 그러시면서······.

11월

아를르 포름 광장의 카페 테라스
(빈센트 빌렘 반 고흐 作, 네덜란드 1888)

11월 첫째 주

이 땅에 집 한 채

이 땅에 집 한 채 짓기 위하여
오직 집만 보고 달려왔구나
나무도 새도 보지 못하고
하늘도 별도 바라보지 못하고
잠시 몸담았다가 비우고 가야 할
집 한 채 짓기 위하여
이 땅에 멋진 깃발 하나 흔들기 위하여
비 오는 새벽에도 들에 나서고
새들 숲속으로 돌아간 밤에도
불 끄지 못하였구나

영원히 거할 심령의 사원 한 채는
지을 생각도 못 하였구나
한 덩어리 무덤으로 남을 때까지
그저, 집 한 채만 생각하고 달려온
생이었구나

[묵상본문 – 마태복음 11:28]

수고하고 무거운 짐 진 자들아 다 내게로 오라
내가 너희를 쉬게 하리라 (마태복음 11:28).

* 많은 사람들은, 100년도 못 사는 인생을 이 땅에
  집 한 채 마련하는 일에 매달려 평생을 보내고 있습니다.
  더 큰 집, 더 넓은 아파트로 늘려가기 위하여
  쉴 틈이 없습니다. 자연 경치를 감상하고 휴식을
  취하거나, 하늘을 보고 별을 보며 더 크고 영원한
  세계가 있다는 것을 생각지 못합니다.
  이 땅에 집 한 채 짓기 위하여, 멋진 깃발(이생의 자랑,
  명예, 업적) 하나 흔들기 위하여, 의자(높은 지위) 하나
  놓기 위하여 비 오는 새벽에도 들에 나서고, 새들
  잠자러 숲속 자기 둥지로 돌아간 밤에도 불 끄고
  잠들지 못합니다. 그야말로 순전히 물질적 욕망을
  추구하는 육적인 삶에 매달려 있는 것입니다.

영원한 나라를 바라보며 영적인 집(심령의 사원)은
지을 생각도 못하고 있습니다. 죽으면 한 개 무덤
으로 남을 인생인데, 이렇게 사는 것은 무덤만 보고
달려가는 무덤 같은 삶이 아니겠습니까?
나는 무엇을 위하여 사는지 다시 한 번 되돌아볼 일입니다.

11월 둘째 주

모과木瓜

지난 가을 거리에서 만 원에 한 무더기 모과를 샀습니다. 저녁 모임에서 친구들에게 한 덩이씩 나누어 주고, 제일 작고 못생긴 것 한 알을 주머니에 넣고 왔습니다. 책꽂이 위에 적당히 던져 놓곤 그저 그뿐이었습니다. 거들떠보는 사람도 손을 대는 사람도 없었습니다. 모과는 홀로 거기 그렇게 없는 듯 있었습니다. 그런데, 어느 날부턴가 피곤한 몸으로 돌아와 방문을 열면 이상한 향기가 나를 사로잡곤 하였습니다. 진원지는 책꽂이 위였습니다. 얼굴이 누렇게 뜨더니 모과는 하루하루 쪼그라들었습니다. 그럴수록 향기는 더욱 짙어지고 얼굴이 다시 흙빛으로 변하고 급기야는 가죽만 남았습니다. 그 뒤에 모과가 어떻게 되었는지를 나는 잘 모릅니다. 아내는 감쪽같이 사라졌다고 했고, 딸애는 하늘나라로 날아갔다고 했습니다. 온몸의 진액과 보이지 않는 향기를 내뿜고 모과는 죽어갔습니다. 그러나, 그때부터 내 영혼 속엔 예수님 향기가 깊이깊이 스며들고 있었습니다.

[묵상본문 – 이사야 53:1~12]

그가 찔림은 우리의 허물 때문이요
그가 상함은 우리의 죄악 때문이라
그가 징계를 받으므로 우리는 평화를 누리고
그가 채찍에 맞으므로 우리는 나음을 받았도다
(이사야 53:5).

* 좁은 골방 허름한 책꽂이 위에 찾아와서
별 주목도 받지 못하고 잠시 머물다 떠났습니다.
울퉁불퉁 찌그러진 한 알의 모과, 귀히 여기지도,
관심을 두지도 않은 모과입니다.
그러나, 무관심과 푸대접에 아랑곳 하지 않고,
알아차리든 말든 상관없이 모과는 자기의 진액을
짜내어 향기를 뿜어내었을 것입니다.
차츰 얼굴이 누렇게 뜨다가 흙빛으로 변하고,
쪼그라들어 급기야는 가죽만 남았을 것입니다.

그윽한 향기만 남기고 모습을 감춘 모과,
내 영혼에 깊이깊이 향기를 남기고,
모습은 보이지 않는,
예수 그리스도께서 들어와 계셨습니다.

11월 셋째 주

차마

다리 아직 성해도
가을엔 걷기가 쉽지 않다
길에 떨어진 낙엽
차마, 밟을 수가 없다

한 잎의 일생
봄밤여름낮가을저녁새벽이슬
장마와가뭄태풍과비바람찬서리…

생멸의 마지막 잎새
어찌, 차마, 밟고
지나갈 수 있으리

가지 끝에 겨우 붙어
떨고 있는 마른 잎들

가을엔, 차마
숨도 크게 내뱉지 못한다

[묵상본문 - 창세기 21:16, 에스라 4:14, 하박국 1:12~14]

아브라함이 아침에 일찍이 일어나
떡과 물 한 가죽부대를 가져다가
하갈의 어깨에 메워 주고
그 아이를 데리고 가게 하니
하갈이 나가서 브엘세바 광야에서 방황하더니
가죽부대의 물이 떨어진지라
그 자식을 관목덤불 아래에 두고 이르되
아이가 죽는 것을 차마 보지 못하겠다하고
화살 한 바탕 거리 떨어져
마주 앉아 바라보며 소리 내어 우니 (창세기 21:14~16).

* 가을이 깊어갑니다.
  세월이 참 빠릅니다.
  가을이 되면 밖에 나가 거리를 걷기가
  쉽지 않습니다.
  다리가 아프거나 불편해서가 아닙니다.
  낙엽 때문입니다.
  길에 떨어진 낙엽을
  차마 밟을 수가 없기 때문입니다.

생각해 보세요.
그 낙엽은 한 생애를 다 마치고
마지막 마른 몸을 길에 누이고 있는 것입니다.
잎들이 지금까지 겪었을
봄밤, 여름 낮, 가을 저녁, 새벽이슬,
해 달 별, 장마와 가뭄, 태풍과 폭우, 찬 서리
이런 것들을 생각해 보세요.

앙상한 가지 끝에는
아직도 겨우 붙어서 바르르 떨고 있는
마른 잎들도 보입니다.
그런 잎들을 보면
차마 숨도 크게 내뱉지 못합니다.
그건 순전히 낙엽 때문만은 아닙니다.

지금까지 살아오면서 겪은
땀과 눈물, 꿈과 욕망, 사랑과 다툼,
좌절과 분노, 그리움과 아쉬움,
후회 같은 것들이 함께 떠오르고
아무런 성과 없이 가을을 맞이하는
스스로를 돌아보게 되기 때문이기도 합니다.

11월 넷째 주

면도날

면도날을 어디에 버릴까

쓰레기를 치우던 아내의 손에서
피가 줄줄 흘렀다
환경미화원의 뒤꿈치가 썩뚝 잘렸다

거울처럼 맑게 빛나는 칼날
거울 속 눈에서 면도날이 빛났다
손에도 들려 있는 칼날
안주머니가 섬뜩하게 잘려
찬바람이 휘잉 지나갔다
입에서 수많은 면도날이 쏟아져 나와
얼어붙은 겨울 하늘을
번쩍이며 날아다니고 있다

면도날을 어떻게 버릴까?

[묵상본문 – 시편 57:4]

내 영혼이 사자들 가운데에서 살며
내가 불사르는 자들 중에 누웠으니
곧 사람의 아들들 중에라
그들의 이는 창과 화살이요
그들의 혀는 날카로운 칼 같도다 (시편 57:4).

* 쓰레기를 버릴 때 버리기 힘든 것이 있습니다.
바로 면도날입니다.
쓰레기통에 그냥 버리자니 까딱하면 손을 벨까
걱정스럽고, 무엇에 싸서 쓰레기장에 버리자니
청소부 아저씨 발뒤꿈치가 상하지 않을까
걱정스럽습니다.

그런데, 곰곰 생각해보면,
이렇게 위험하여 걱정되는 것이
비단 면도날뿐이 아니었습니다.
미움과 증오와 살기로 가득 찬 차가운 눈빛,
남을 해치려고 흉기를 감춘 손,
타인의 가슴을 찌르고 저미는 독한 말 …
이런 것들도 다 면도날이었습니다.
면도날을 어떻게 버릴까요?

11월 다섯째 주

거울처럼

찾아오는 이
빈부귀천貧富貴賤 가리지 않으리
모두 담쑥 안으리

같이 걷고 같이 춤추고
같이 웃고
또 같이 울리

세월 흘러 등 돌리고 떠나면
말없이 고이 보내리

가슴에 구멍 숭숭 나면
텅 빈 허공으로 남으리

허공으로 남아 혼자 기도하리

[묵상본문 - 고린도전서 13:12]

우리가 지금은 거울로 보는 것같이 희미하나
그때에는 얼굴과 얼굴을 대하여 볼 것이요
지금은 내가 부분적으로 아나
그때에는 주께서 나를 아신 것같이
내가 온전히 알리라 (고린도전서 13:12).

* 거울은 찾아오는 어떤 사람이든지 담쑥 안아 들입니다.
부자든 가난한 사람이든, 신분이 높든 낮든 가리지 않습니다.
찾아온 이가 걸으면 따라 걷고, 춤추면 따라 춤춥니다.
웃으면 같이 웃어주고, 울면 같이 울어줍니다.

그러다가, 그 사람이 마음 변해 돌아서서 나가도
원망하거나 비난하지 않습니다. 말없이 고이 보내줍니다.
물론 가슴에는 빈 구멍이 숭숭 뚫리겠지요.
그래도, 훌훌 털어버리고 고요히 혼자 남아 기도합니다.
나도 거울처럼 살고 싶습니다.

12월

예수 탄생 / 경배하는 목자들 (바르톨로메 에스테반 무리요 作, 스페인, 1617-1682)

12월 첫째 주
나무를 듣다

귀만 귀가 되어서는 아니 되리
눈도 코도 입도 귀가 되어야 하리

잎으로 꽃으로
때론 가지로 열매로
온몸으로 말을 하는 나무

온몸 나무가 되어
가슴으로 들어야 하리

눈보라 치는 날
뿌리의 깊은 울음
가슴에 새겨야 하리

[묵상본문 - 마태복음 11:15;13:9, 마가복음 4:9, 23,
요한계시록 2:7,11,17,29]

귀 있는 자는 들을지어다 (마태복음 11:15).

귀 있는 자는 들으라 하시니라 (마태복음 13:9).

또 이르시되 들을 귀 있는 자는 들으라
하시니라 (마가복음 4:9).

들을 귀 있는 자는 들으라 (마가복음 4:23).

귀 있는 자는 성령이 교회들에게 하시는 말씀을 들을지어다 이기는 그에게는 내가 하나님의 낙원에 있는 생명나무의 열매를 주어 먹게 하리라 (요한계시록 2:7).

* 하나님이 인간에게 입은 하나를 주시고,
귀는 두 개를 주신 이유가 있다지요.
말은 적게 하고,
듣기는 두 배쯤 하라는 뜻이라지요.
좋은 인간관계의 비결도,
사회에서의 성공 비결도
다른 사람의 말을 잘 들어주는
'경청傾聽'이라지요.

어쩌면, 사랑도
'경청'으로부터 싹트지 않을까요?
그런데, 시인은 여기서 한 발 더 나아갑니다.
사람의 말뿐 아니라 세상 만물의 소리,
자연의 소리까지도 잘 들어야 한다고요.
또 귀로만 들어서는 안 되고,
온몸이 귀가 되어 들어야 한다고요.
나무를 예로 들면,
나무는 입이 없으므로,
때론 잎으로, 꽃으로, 열매로, 가지로,
심지어는 뿌리로 말하기도 하겠지요.

그래서 우리가 나무의 말을 잘 들으려면,
눈으로 모양과 색깔을 보기도 하고,
손끝으로 만져보기도 하고,
코로 향기를 맡아보기도 하고,
마음을 기울여 쓰다듬고 안아보기도 하며,
그야말로 온몸으로 들어야 할 것이라는 말입니다.

이렇게 온몸이 귀가 되어
사람과 자연을 '경청'하면서 산다면,
세상은 참 사랑이 넘치고 따뜻하고
아름다운 에덴동산, 천국이 되지 않을까요?

12월 둘째 주

후회

그대를 지나쳤다

그때를 지나쳤다

그곳을 지나쳤다

그일을 지나쳤다

나를, 내가 지나쳤다

[묵상본문 - 에베소서 5:16, 잠언 4:23]

세월을 아끼라 때가 악하니라 (에베소서 5:16).

모든 지킬 만한 것 중에 더욱 네 마음을 지키라
생명의 근원이 이에서 남이니라 (잠언 4:23).

* 올해도 벌써 끝자락에 와 있습니다.
  참 세월이 빠르다는 것을 새삼 느끼게 됩니다.
  별로 해놓은 것도 없는데…
  연말이 되면 늘 후회를 하게 됩니다.
  나이를 먹을수록 더 그렇습니다.

  그대를 더 잘 챙기고 사랑했어야 했는데…
  진리를 알리고 구원할 영혼이 많았는데…
  지금 와서 생각하니 그냥 지나친 적이 많구나.
  그때, 망설이지 말고, 미루지 말고
  실행했더라면 좋았을 것을…
  그곳, 그 장소에서 그러지 말았어야 했는데…
  그 일은 지나치지 말고 꼭 했어야 했는데…
  지나쳤구나.

그리고, 무엇보다도 내가
나를 잘 들여다보고, 관리를 잘 했어야 했는데…
그냥 지나쳤구나.

성경에도 "세월을 아끼라 때가 악하니라"
"무릇 지킬 만한 것보다 네 마음을 지키라
생명이 이에서 남이니라"라는 말씀이 있는데,
세월을 아끼고 마음을 지켜서
내년부터는 후회하는 일이 없도록 해야겠습니다.

12월 셋째 주

죄송합니다

손전화에 들어온 문자 한 통
"죄송합니다"
누굴까

다음날 또 들어왔다
무엇이 죄송하다는 걸까

또 한 해가 간다
돌아보니, 내게도 죄송한 것 헤아릴 수 없다
우선, 문자라도 보내야 할까보다
하늘에 땅에 책상, 거울, 그리고 길에게
토끼와 거북이에게도

"죄송합니다"

[묵상본문 – 마태복음 3:1~3]

그때에 세례 요한이 이르러
유대 광야에서 전파하여 말하되
회개하라 천국이 가까이 왔느니라 하였으니
그는 선지자 이사야를 통하여 말씀하신 자라 일렀으되
광야에 외치는 자의 소리가 있어 이르되
너희는 주의 길을 준비하라 그가 오실 길을 곧게 하라
하였느니라 (마태복음 3:1~3) .

* 벌써 또 한 해가 저물어갑니다.
한해의 끝자락에 서면 늘 아쉬움이 남지요.
좀 더 잘 하지 못한 것,
좀 더 잘 대해주지 못한 것 많으니까요.

어느 날 누가 문자 한 통을 보내왔습니다.
"죄송합니다"라고… 그 문자를 받고 생각하니
저에게도 죄송한 일이 너무너무 많은 거예요.
직접 찾아뵙고 죄송하다고 사과를 해야겠지만
급한 대로 우선 문자라도 보내야겠다는 생각이
들었습니다.
맨 먼저 하나님께 그리고 그 동안
제가 만난 분들에게, 자연과 동물은 물론
함부로 사용했던 사물들에게도 말입니다.
새해에는 더 나은 제가 되기를 기도하면서!

12월 넷째 주

종점 다음

89번
종점에 왔다

종점이 끝은 아니다
집에 가려면
더 걸어야 한다

혼자서

허공 걸어 갈
길 끝 하늘집

맨발로 탕자처럼

[묵상본문 – 요한복음 14:2~3]

내 아버지의 집에 거할 곳이 많도다
그렇지 않으면 너희에게 일렀으리라
내가 너희를 위하여 거처를 예비하러 가노니
가서 너희를 위하여 거처를 예비하면
내가 다시 와서 너희를 내게로 영접하여
나 있는 곳에 너희도 있게 하리라 (요한복음 14:2~3).

* 종점? 그 다음은 어디일까?
그래, 그렇구나, 종점 다음에 집이 있구나.
종점까지는 차를 타고 왔지만,
거기서부터 집까지는 걸어가야 하는구나.
터덜터덜 혼자서 걸어가야 하는구나.

죽음? 죽음 그 다음은 어디일까?
그래 그렇구나, 죽음 다음에는 하늘 집이 있구나.
죽음까지는 몸을 타고 왔지만
거기서부터는 영혼 혼자서 가야하는구나.
바람처럼 혼자서…….

12월 끝 주

내 생의 바다

강의 사계로 가득한 바다
강물이 발로 쓴 일기
고스란히 다 모여 출렁이지

바다에 와 보면
왜 그리 바다가 그리웠는지
왜 바다가 외로움을 때리는지
비로소 알게 되지

삶은, 흘러가는 것
허나 나날이 채워가는 것
내 생의 발자국들 다 모여 출렁이는
바다의 얼굴을
유심히 들여다보네

[묵상본문 – 마태복음 6:20, 누가복음 12:33]

오직 너희를 위하여 보물을 하늘에 쌓아 두라
거기는 좀과 동록이 해하지 못하며
도둑이 구멍을 뚫지도 못하고 도둑질도 못하느니라
(마태복음 6:20).

너희 소유를 팔아 구제하여
낡아지지 아니하는 배낭을 만들라
곧 하늘에 둔 바 다함이 없는 보물이니
거기는 도둑도 가까이 하는 일이 없고
좀도 먹는 일이 없느니라 (누가복음 12:33).

* 시간은 흘러 가버리는 것이라고들 생각합니다.
그러나 정말 세월은 흐르는 물처럼 흘러가서
사라지는 것일까요?
인생은 강물처럼 흘러 가버리고 마는 것일까요?

바다에 가보고 나서, 그렇지 않다는 생각을 했습니다.
바다에 가보면 흐르고 흘러온 모든 강물들이
사라지지 않고 거기에 다 모여 있습니다.
거기에는 강물들이 지금까지 흘러오며 겪은
모든 일들이 고스란히 담겨 있었고,

그 기억들이 한 톨도 사라지지 않고
반짝이며 출렁이고 있었습니다.
바다에 가 보면, 왜 바다가 그렇게 그리웠는지,
왜 바다가 외로움을 때리는지 알게 됩니다.

우리의 인생도 그렇지 않을까요?
강물처럼 어느 바다에 다 모여
쌓여 있는 것이 아닐까요?
아픈 기억도 아름다운 기억도
한 톨도 사라지지 않고 거기 모여
반짝이며 출렁이고 있지 않을까요?
우리 인생의 강이 흘러가 모이는
그 바다는 어디일까요?
그 바다가 궁금하지 않으십니까?

그리고 우리는 어찌해야 할까요?
어떻게 살아야 할까요?
"오직 너희를 위하여 보물을 하늘에 쌓아두라"
우리 순간순간의 삶을 뜨겁게 사랑하며
살아야 하지 않을까요?
반짝반짝 반짝이는 아름다운 기억의 보물들을
하늘에 쌓아야 하지 않을까요?